세상을 향해
권태를 쏘다

세상을 향해 권태를 쏘다

초판 1쇄 발행 2016년 8월 18일

지은이 오권태, 배은임
펴낸이 장길수
펴낸곳 지식과감성#
출판등록 제2012-000081호

디자인 이현
편집 이현
교정 이주영
마케팅 안신광

주소 서울시 금천구 가산동 60-5 갑을그레이트밸리 B동 507호
전화 070-4651-3730~4
팩스 070-4325-7006
이메일 ksbookup@naver.com
홈페이지 www.knsbookup.com

ISBN 979-11-5961-221-3(03980)
값 15,000원

ⓒ 오권태, 배은임 2016 Printed in Korea

잘못된 책은 구입하신 곳에서 바꾸어 드립니다.
이 책의 전부 또는 일부 내용을 재사용하려면 사전에 저작권자와 펴낸곳의 동의를 받아야 합니다.

이 도서의 국립중앙도서관 출판예정도서목록(CIP)은 서지정보유통지원시스템
홈페이지(http://seoji.nl.go.kr)와 국가자료공동목록시스템(http://www.nl.go.kr/kolisnet)에서
이용하실 수 있습니다. (CIP제어번호: CIP2016019072)

홈페이지 바로가기

은퇴한 베이비부머, 부부가 함께 떠난 세계여행

세상을 향해 권태를 쏘다

오권태 배은임 지음

지식과감정

프롤로그
버킷리스트를 이루기 위하여

영화 '버킷리스트'에서는 병을 앓고 있는 주인공이 살아오면서 잃어버린 꿈들을 생각하며 '죽기 전에 꼭 하고 싶은 것'의 목록을 적는다. 그리고 같은 병실을 쓰던 돈만 알고 살아온 재벌 사업가와 얼마 남지 않은 삶 동안 '버킷리스트'를 행동으로 옮기기 위해 병원을 뛰쳐나와 여행을 떠난다. 여행을 통해 인생의 즐거움, 기쁨, 감동, 우정을 나누며, 삶의 진정한 의미를 깨닫는다는 내용이다.

어느덧 세월이 흘러 40대까지는 정신없이 일에만 집착하다가 50대가 되면서 주위를 뒤돌아보기 시작한 것 같다. 아내에게 뭔가 어색해 꺼리던 사랑한다는 말도 쉽게 나오고, 가족여행을 다니면서 딸들의 이야기를 들으려 노력했다. 그리고 살면서 우리가 하고 싶은 것들에 대하여 아내와 대화를 많이 했다. 그중에 당장 이룰 순 없지만 매년 해가 바뀌어도 노트에 사라지지 않던 인생의 버킷리스트가 바로 아내와 함께 세계일주를 가는 것이다.

15년 전쯤, 회사에서 포상휴가로 서유럽 여행을 다녀온 적이 있다. 당시에 영국과 프랑스, 독일, 스위스, 이탈리아를 다녀와서는 보는 눈과 생각이 완전히 바뀌었다. 그때, 꿈을 가지게 되었다. 어쩌다 영화 속에서나 봤던 모습들을 실제로 경험하고는 아내에게

"내가 정년퇴직을 하면 우리 둘이 꼭 함께 세계일주를 합시다. 당신에게 약속하지!"
아내는 "꿈을 꾸는 것만으로도 행복해!"라며 좋아했다.

어느덧 시간들이 흐르고 50세가 넘어 가면서 정년퇴직이라는 종착역이 가까이 다가오고 있음을 느끼기 시작했다. 누군가 여행이란 자기 자신을 확인하러 가는 과정이란 말에 깊이 동감한다. 은퇴는 끝이 아닌 새로운 삶의 시작이고, 그동안 현실의 제약 때문에 미뤄 왔던 꿈들을 실현하는 기회이다. 나는 드디어, 은퇴를 하고 아내와 함께 세계 여행을 떠났다. 나의 버킷리스트, 우리 부부의 버킷리스트가 이루어지는 순간이다.

Table of Contents 이 책의 목차

프롤로그   버킷리스트를 이루기 위하여 / 5

Part I 세계일주 준비 / 13

부부가 함께 / 14
세계일주를 위해 갖추어야 할 조건들 / 16
희망퇴직 / 19
중년의 체력과 건강 / 23
처음에는 마을버스로 / 25
시작이 반 / 27

Part II 세상을 향하다, 아메리카 종주 / 31

1. 지구의 반대편, 남미 / 32

페루 / 33
볼리비아 / 51
아르헨티나 / 58
칠레 / 69
다시, 페루 / 85
에콰도르 / 95
콜롬비아 / 107

2. 태양이 반겨주는 곳, 중앙아메리카 / 123

쿠바 / 124
파나마 / 130
코스타리카 & 니카라과 & 엘살바도르 / 135
과테말라 / 141

3. 감동의 대자연, 북아메리카 / 143

멕시코 / 144
미국 / 146
캐나다 / 153

Part III 권태를 쏘다, 유라시아 횡단 / 159

1. 세계에서 가장 넓은 나라, 러시아 / 160

시베리아 횡단 열차 / 161
모스크바 / 174

2. 맑은 화려함, 북유럽 여행 / 177

핀란드 / 178
스웨덴 / 183

3. 특색 있는 음식과 사람들, 중유럽 여행 / 188

독일 / 189
네덜란드 / 192
벨기에 / 195
영국 / 198
프랑스 / 203
스페인 / 211
스위스 & 이탈리아 / 219

4. 힐링 코스, 발칸반도 / 225

슬로베니아 / 226
크로아티아 / 230
몬테네그로 / 235

5. 역사가 숨 쉬는 곳, 지중해와 아시아 / 252

그리스 / 253
터키 / 258
이집트 / 266
아랍에미레이트 / 273
인도 / 276
미얀마 / 285
인도네시아 / 288
필리핀 / 296

에필로그   아내와 함께한 세계여행을 마치며 / 307

Part I
세계일주 준비

부부가 함께

　세계일주를 하려면 사진과 카메라 조작 기술도 배우고 여행에 대한 기록과 정보들에 대한 공부를 해두면 훨씬 더 좋겠다는 생각을 했다. 공부를 할 곳이 없나 하며 찾아 봤더니 '여행 작가 학교'라는 강의가 있었다. 여행 작가가 되기 위한 예비과정이었지만 내가 필요하던 내용들이 커리큘럼에 많이 포함되어 있었다.

　여행 작가 학교를 다니면서 국내여행도 가급적 짜임새 있게 하면 더 좋겠다는 생각에 한국관광공사에서 선정하는 "한국인이 꼭 가봐야 하는 한국관광 100선"을 아내와 같이 다녀 보기로 했다. 그동안 여행을 많이 다닌다고 했지만 아직 가보지 못한 곳도 의외로 많았다. 대한민국 지도를 사서 벽에다 붙여 놓고 하나씩 표시해 가며 다녔더니 다음에 갈 목적지를 쉽게 결정할 수 있었다. 목표를 정하면 의사결정이 훨씬 쉬워졌다. 특별한 일정이 없는 주말엔 가까운 곳으로 가고 연휴나 휴가 때가 되면 가까이 지내는 사람들과 함께 어울려 먼 곳까지 한꺼번에 다녀왔다.

여행 작가 학교를 마치고 꾸준히 같이 여행을 다녔더니 아내의 건강도 눈에 띄게 좋아졌다. 갱년기 증상으로 고혈압, 고지혈증, 우울증으로 시달리고 있던 아내였다. 여행지에서 꾸준히 걷고 등산하면서 갱년기 증상들이 수월하게 넘어 가고 있다고 한다. 부부가 같이 자주 여행을 다니다 보면 갈수록 요령이 생겨 비용도 절감하면서 건강하고 알차게 다니는 방법도 스스로 개발하게 되는 법이다. 그리고 무엇보다 서로를 이해하는 속도도 빨라지고 손발이 척척 맞는다는 것이 가장 값진 수확이다.

여행이란, 부부가 적은 비용으로 인생을 훨씬 즐겁고 건강하게 사는 방법이다. 세계일주도 마찬가지다. 백세 시대라고들 하는데 우리는 이제 50대니 앞으로 무수히 살아 갈 날들을 생각하면 좀 더 일찍 시작하는 것이 자신의 삶을 더 풍요롭게 살아가는 방법임에 틀림이 없다.

 ## 세계일주를 위해 갖추어야 할 조건들

첫째, 세계일주를 소화할 수 있는 체력이 뒷받침되어야 한다. 몸이 좋지 않아 중간에 포기하고 돌아온다면 여러 가지 손해도 감수해야겠지만 아무리 재미있는 여행이라도 건강이 따르지 않으면 무슨 의미가 있겠는가?

둘째, 시간이 있어야 한다. 직장을 다니면서 1주일 이상 휴가를 내려면 눈치가 보인다. 자영업을 하는 사장님이라도 한 달 이상 자리를 비우기란 쉽지 않다. 세계일주에 대한 열정이 있으면 시간을 만들 수 있다는 생각이 들지만 생업에 종사하고 있는 사람들은 은퇴를 하기 전까지는 누구나 부담스러운 일이다.

셋째, 어느 정도 경제적 여력이 있어야 한다. 너무 세속적인지는 몰라도 자본주의 사회에서는 의사 결정의 가장 중요한 요소 중에 하나가 바로 돈이다. 만약 가장이라면 자신의 여행비용과 그동안 가족들의 생활비가 확보되어 있어야 하고, 그런 비용들을 자신의 꿈을 위해 기꺼이 투자할 수 있어야 한다. 직업적인 전문가들의 경우 후원 회사들이 있어 문제가 없지만 아마추어가 자기비용으로 하는 세계일주는 비용이 만만치 않기 때문이다.

넷째, 꿈과 열정. 사람들은 대부분 세계일주라는 꿈을 한 번쯤 꾸어 봤을 것이다. 그러나 그것을 실행에 옮기는 사람들은 얼마나 될까? 막연한 두려움이나 걱정들이 앞서고 자신감이 없어 머뭇거린다. 그리고 스스로 갈 수 없는 이유를 찾고 쉽게 포기해 버린다. 그러나 나이가 들어 갈수록 몇 십 년을 지배했던 생각과 일상의 괘도에서 이탈할 필요가 있다. 영화 '버킷 리스트'에서와 같이 자신이 죽기 전에 꼭 해보고 싶은 꿈을 바로 실행에 옮기려는 열정과 용기가 있어야 한다.

마지막으로, 가족들의 동의와 전폭적인 지원이 있어야 여행이 즐겁다. 나는 아내와 딸 둘이 있다. 큰 딸은 이미 출가를 했고 작은 딸은 학교를 마치고 회사에 다니고 있다. 전에 가족끼리 여행을 갔을 때, 은퇴하게 되면 아내와 세계일주를 가겠다고 선언을 했다. 근 30년 열심히 직장생활과 가족들을 위해 열심히 살아 왔으니 이제는 부부의 꿈을 위해 살고 싶다고 하자 딸들은 그 뜻을 존중한다고 했다.

어찌 보면 쉬운 듯하고 당연해 보이지만 모든 요건들이 자연스럽게 주어지기란 쉽지 않아 보인다. 친구들과 저녁에 소주를 한잔씩 하면서 이야기를 들어 보면, 막내아이가 한참 고등학교 다니는데, 어머니가 요양병원에 계셔서, 딸아이 결혼할 때까지는 아직 회사에 다녀야 한다는 등 수만 가지 이유가 있다. 자신의 의지대로 할 수 없는 주위의 여건들 속에 그렇게 시간과 세월들은 가고 어느 시점에 가면 무기력해지고 늙어 버린 자신의 모습을 보고 후회할지도 모른다. 세계일주가 아니어도 자신의 꿈을 정하고, 마치 운명처럼 느껴지는 무거운 옷들을 하나씩 걷어 내는 열정과 용기가 있다면 꿈을 이룰 수 있다. 체력이 안 되면 꾸준히 운동하고, 가족들에게 내 꿈을 말하고, 적지만 적금도 들어 가면서.

희망퇴직

　대학을 졸업하고 ROTC 장교로 복무한 뒤 1984년 은행에 입사했다. 올해가 2014년도이니까 벌써 30년이 지났다. 입사 초기에는 적성에 맞지 않는다고 방황도 했으나 지나고 보니까 내 경험상 적성이란 입사 후 최소 2~3년은 지나 봐야 알 수 있는 것 같다. 처음에는 여태껏 살아온 환경과 여건이 달라 적응하는 기간이 필요하기 때문이다. 5~6년이 지나 뭔가를 느끼며 알기 시작하면서 일에 대한 재미와 열정도 훨씬 늘어났고 그에 따른 성취감으로 일에만 몰두할 때가 많았다. 그리고 덕분에 보람도 있었고 먹고 사는 문제는 잊고 살았다. IMF나 금융위기도 있었지만 나름 열심히 일한 만큼 오히려 승진도 빨라 서울 강남에 있는 두 개 점포를 거쳐 안산에서 지점장을 했다.

연초에 임금피크로 60세까지 다니며 정년을 맞기보다 조금이라도 빨리 퇴직하여 인생 2막을 시작하려는 사람들을 위해 희망퇴직이 생겼다. 예전같이 명예퇴직이라도 있으면 바로 그만두고 세계일주를 출발하겠다고 빈말처럼 말하곤 했었지만 막상 결정하려고 하니 잠시 망설여졌다. 은행원답게 여러 가지를 비교해 봤더니 명예퇴직은 강제적 인원 감축 성격인 반면, 희망퇴직은 그야말로 '희망'퇴직이다 보니 상대적으로 조건도 매우 열악했다.

퇴직을 결정하기 위해선, 무엇보다도 결혼 후 내가 아직까지 직장생활을 잘할 수 있도록 열심히 뒷바라지해 준 아내의 의견이 중요하단 생각이 들었다. 다음날 저녁 외식을 하자며 조용한 음식점으로 아내를 불러 소주 몇 잔을 마시고 진지하게 말했다. 회사에서 잘못하여 잘리는 것이 아니고 정년까지 계속 다닐 수 있지만 이번에 희망퇴직을 받는다는데 당신의 생각은 어떠냐고 물었다. 아내는 잠시 생각에 잠기더니 바로 대답했다.

"이번에 희망퇴직 하시죠!"

아내의 의견은 이랬다. 큰딸은 이미 결혼했고, 작은 딸도 졸업하고 회사에 다니니 앞으로 자신의 앞가림은 할 수 있을 것 같다. 우리 부부 둘 다 아직 건강한 것만으로 감사하다. 30년 동안 열심히 일했으니 이제 당신의 꿈을 위하여 하고 싶은 일을 할 때가 되었다. 굳이 정년까지 기다리지 말고 하루라도 빨리 인생 후반전을 시작하라는 것이다. 그저 감사하고 아내가 소중할 따름이다.

퇴직하는 데 필요한 서류는 너무나도 간단했다. 입사하기 위해 공부하고, 연수 받고, 스펙 늘리고, 승진하려고, 살아남으려고 얼마나 힘들었던가? 그러나 지금은 딱 서류 두 장에 이름과 서명으로 끝이다. 봉투에 넣어 내부 우편함에 넣고 나니 그저 왠지 가슴이 답답하기도 하고 얼굴이 달아올랐다. 내가 희망해서 그리고 아내와 두 딸들과도 상의해서 내린 결정이지만, 시원섭섭하다는 표현은 적절해 보이질 않다. 뭔지 모를 괜한 서운함이 앞섰다. 누군가 살짝 건드리기만 해도 눈물이 왈칵 쏟아질 것 같았지만 직장인이라면 누구나 한번은 가야 할 길이라고 마음을 다잡았다.

회사가 같은 방향이라 아침마다 작은 딸과 함께 출근을 하며 중간에 내려 주곤 했었다. 딸과 함께하는 마지막 출근 날, 앞으론 혼자 다녀야겠구나! 하고 씽끗 웃어 줬더니 딸이 아무 말도 하지 않았다. 그리곤 차에서 내리자마자 항상 밝게 웃던 딸이 인사도 없이 급히 뛰어가 버렸다. 정이 많은 아인데 괜히 아버지 때문에 걱정이나 하지 않을까 마음이 쓰였다. 평소에는 차가 막혀 짜증도 부렸던 길, 신호등에 차를 멈추고 기다리면서 보는 빨간 불도 그날따라 아름답고, 무심코 지나 버렸던 가로수도 다시 느껴졌다.

중년의 체력과 건강

사회생활하면서 직업과 취미를 간단히 구분했던 말이 생각이 난다. 자신이 즐거워 돈을 쓰면 취미생활이고 스트레스를 대가로 돈을 받으면 직업이 된다는 것이다. 돈을 쓰느냐 받느냐로 구분하지만 많은 직장인들은 스트레스를 당연한 것으로 받아들이며 살고 있다. 휴일만 되면 왜 그렇게 피곤했던지 한 3일간 잠만 실컷 자봤으면 원이 없겠다고 말하곤 했었다. 아마 직장생활과 스트레스, 피로, 술이라는 4종 세트는 젊은 시절 선택이 아닌 필수로 똘똘 뭉쳐 끈질기게 우리 주위를 맴돌며 함께 따라다녔었다. 그러다 중년이 되어 정신을 차려 봤더니 불룩해진 아랫배, 고혈압이나 고지혈 같은 병들과 너무나 친해져 인생 후반전을 같이 보내자고 가까이서 웃고 있다.

그나마 아직까지 크게 아프지 않고 건강할 수 있었던 것은 아내 덕분이라는 생각이 들어 고맙다. 부부의 건강은 자신의 의지와 배우자의 관심이 무엇보다도 중요한 것 같다. 직장생활의 4종 세트가 항상 따라 다니지만 아침에 집 주위에서 간단한 조깅이나 체조, 아니면 최소한 주말에라도 적당한 운동을 꾸준히 한다면 어느 정도 자신의 몸 관리는 할 수 있다고 본다. 거기에 아내가 챙겨 주는 좋은 식사와 마음을 편하게 해주는 응원이 있다면 그 보다 더 좋은 약이 어디 있겠는가? 아내에게도 살이 너무 쪘다거나 의지가 부족하다고 핀잔만 주기보다는 자신을 누구보다 소중히 여기며, 건강관리를 위해 열심히 노력하는 모습이 너무 아름답다고 수시로 칭찬을 해주면 무척 좋아한다. 서로의 책임감을 느끼고 살펴줘야 더 행복해지는 삶임에 틀림이 없어 보인다. 어느 TV 프로그램에서 아내를 지극정성으로 보살피던 한 어르신의 이야기가 생각난다. 30년 이상 같이 살아온 부부 중에 어느 한쪽이 아프면 부모나 자식의 탓이 아니라 그것은 바로 배우자의 탓이란다. 부부 서로에게 가장 큰 책임이 있다는 이야기다. 부와 명예도 좋지만 가족 중에 특히 배우자가 아프면 세계일주는 고사하고 세상 사는 재미가 과연 있을까 싶다.

처음에는 마을버스로

처음에는 우리 부부 둘이서 세계일주를 한다는 계획으로 준비를 하고 있었다. 그러나 일 년 동안 계속해서 집을 비우고 여행한다는 것이 부담스러워 중간에 한번 씩 집에 돌아와 쉬었다 갈 생각도 하고 있었다. 그러던 차에 마침 여행 작가 학교에서 만난 사람들이 은퇴한 마을버스로 같이 여행을 해보자고 제의를 해왔다. 모두 가정이 있는 사람들이라 세계일주를 하는 도중에 부인들은 필요하다면 얼마든지 왔다 갔다 할 수 있도록 하자는 데 의견이 일치했다. 여러 사람이 함께 여행하는 것이 서로의 안전 면에서도 결코 나쁘지 않아 보였다. 아내도 마음 부담을 덜었다며 흔쾌히 동의했다. 우리 부부의 세계일주에 마을버스를 타고 간다는 계획이 추가되었다.

그리고 어떤 버스를 선정하면 좋을지 의논했다. 첫째, 시민들이 가장 많이 이용하며 마을버스로서 역할을 다하고 은퇴하는 차량. 둘째로, 가급적 우리나라 브랜  드를 가지고 있으면서 세계일주 도중에 부품교체와 정비가 용이한 차량.

셋째, 간이 캠핑카로 개조하여 3~5명이 숙식도 가능하도록 할 것.

2005년도에 출고되어 대학로에 있는 서울대 병원을 중심으로 혜화역과 종로3가를 9년 동안 열심히 달리다 은퇴하는 12번 마을버스를 인수했다. 인수비용은 대원들이 출연한 비용으로 우선 충당했지만 보험료 같은 유지비는 기본이고 노후부품 교체, 내부개조, 외부 디자인, 선적비용 등 앞으로 들어갈 비용이 만만치 않아 보였다. 차량과 관련된 비용은 세계 일주를 마치고 돌아오면 당시 중고차로 매각하여 출자 비율대로 나누든지 아니면 우리 중 1명이 인수 의사가 있으면 출자 비율대로 환산하여 돌려주고 인수해 가기로 정했다.

우리 계획은 평택항에서 선박편으로 페루 리마로 보낸 뒤, 태평양을 건너는 한 달이 지난 후 그곳에서 버스를 인수해 남미 여행을 하기로 했다. 이어서 중미를 거쳐 앞으로 5개월쯤 후에 미국에서 대서양을 건너 유럽으로 갈 예정이다. 페루로 가려면 올 때나 갈 때 모두 미국을 거쳐 가야 하기 때문에 일단 미국 왕복 티켓이 있어야 하고, 그 이후는 그때 가서 생각해 보기로 했다.

출발일자를 한 달 정도 남겨 놓고 연락이 왔다. 11월 말에 가면 성수기인 12월 초에 비하여 가격이 훨씬 저렴하다고 했다. 며칠 사이지만 차라리 조금 일찍 가서 페루에서 버스를 인수할 통관 준비와 남미 여행을 위한 정보도 얻을 겸 아내보다 먼저 출발하기로 했다.

시작이 반

 마을버스를 페루로 보내기 위해 서류준비와 통관, 자동차 정비, 운송 선박 일정을 맞추려고 진이 빠졌었다. 그러나 사람이란 서로 더불어 사는 삶이라고 하지 않았던가? 앞으로 1년간 못 볼 친구들과 어울려 막걸리도 한잔씩 하면서 출발 신고를 해야겠다는 생각이 들었다. 몇 년 전 금융연수원 다닐 때 인생을 살아가면서 앞으로 평생 친하게 지낼 사람들의 이름을 인연별로 적어 명단을 만들어 본 적이 있다. 그때 강사가 "애 경사도 챙기고 중간 중간 잊어버릴 만하면 안부도 물어보면서 지내는 사람이 많을수록 그 사람의 인생은 훨씬 풍요롭게 살 수 있다"는 말에 공감이 갔다. 일명 Life Fan을 많이 만들어 관리할 필요가 있다는 것이다. 나이 50이 넘게 살아오면서 가까이는 친척들, 초등학교부터 대학교까지 16년이나 다니면서 함께 했던 학교 친구들, 남자라면 빠지지 않는 군대친구, 직장 생활하면서 입사동기나 특별한 인연을 중심으로 만난 동료들, 좋아하는 취미활동으로 만나게 되는 모임들도 있다. 사람은 사회적 동물이다 보니 살면서 각각이 어떤 상황별로 연대의식을 가지고 고립보다는 함께였을 때 더 안정감을 느끼는 것 같다. 그들이 있어 삶이 따뜻하다. 앞으로 그들과 인생 후반전을 더불어 살아간다고 생각하니 더 소중하다는 생각이 들었다.

가족들과 함께 부모님 산소에도 다녀왔다. 형제들에게도 잘 다녀오겠다고 인사도 했다. 출발하기 전 마지막 주는 조용히 가족들과 함께 보내기로 했다. 출발 3일 전부터 방 한쪽 구석에 가방을 펼쳐 놓고 미리 준비해 둔 목록을 확인해 가면서 서서히 짐을 싸기 시작했다. 아내는 여행하는 동안 중간 중간 왔다 갈 예정이라 괜찮지만 작은 딸은 뭔가 아쉬워하는 분위기가 역력했고 결혼한 큰 딸도 매일 안부 전화가 왔다. 아내는 평소 좋아하는 음식으로 나름 정성을 다했다. 출발하는 날 아내와 딸의 배웅을 받으며 공항으로 출발했다. 세계일주를 향해 출발하는 이 날이 앞으로 내가 살아가는 인생에 있어서 오랫동안 의미가 있는 날로 기억될 것이다.

아! 이제 드디어 출발한다.
나는 그동안 준비해 왔던 꿈을 지금 실현하고 있다.
그래서 나는 참 행복한 사람이다.

Part II

세상을 향하다, 아메리카 종주

1.
지구의 반대편, 남미

 **페루**

아내가 혼자서 페루로 날아와 합류했다

세계일주라는 꿈을 가지기 시작할 때부터 당연히 아내와 같이 출발하는 것으로 생각했었다. 그러나 이번에 마을버스로 가게 되면서 여러 가지 불편한 문제들이 예상되었다. 같이 가는 대원들과 논의한 결과 50대 남자가 1년간 집을 떠나 세계일주를 하는 데 있어 아내들의 협조와 참여가 사실상 가장 중요한 요소 중에 하나다. 그래서 여행을 하는 동안 중간 중간 아내들이 참여하는 데 서로 협조하기로 했다. 물론 참여했다 돌아가는 동안의 항공료나 체재비는 스스로 부담하기로 했다. 다른 멤버에 부담이 되지 않으면서 이동은 같이 버스로 하기 때문에 개별여행보다는 이동 비용을 절감할 수 있다.

중간 참여에 대하여 아내도 동의했다. 전업 주부지만 1년간 집을 떠나있는 것도 부담스럽고 자신이 가고 싶었던 곳을 골라 갈 수 있으니 좋다고 했다. 아내는 마추픽추를 비롯한 남미와 유럽 중에서 스페인, 크로아티아를 포함한 발칸반도 국가들을 꼭 가보고 싶다고 했다. 그럼 우선 마을버스가 페루에서 출발할 때 참여했다가 남미여행이 끝날 때 아내는 집으로 돌아가고 미국에서 다시 합류하기로 했다. 물론 다른 멤버의 부인들 역시 각자의 상황에 맞게 참여하도록 했다.

그렇게 내가 먼저 마을버스 통관과 남미 여행 준비도 겸해서 페루로 먼저 출발했었다. 아내는 배웅하면서 비행기에서 읽어 보라며 편지를 건네주었다. 피곤해 비행기를 타자마자 잠이 들었다가 태평양 중간쯤에서 아내의 편지를 꺼냈다. 핑크빛 편지봉투에 푸른색으로 아기천사들이 그려진 편지지, 거기에 정성들여 말린 꽃을 붙여 한껏 멋을 부렸다. 10대 때 아내를 처음 봤을 때 모습이 다시 살아나 있었다. 그리고 봄에 같이 산에 다니다가 눈에 띄던 꽃들을 모으더니 그때부터 편지를 준비하고 있었던 모양이다. 편지의 내용을 요약하면 이랬다.

꿈이란 마음속에 간직만 하는 것이 아니라 실천에 옮겨야 한다. 인생에 있어서 무엇이 가치 있는 것인지 알고 실천에 옮기는 사람이 진정 용감한 사람이다. 젊은 시절 은행이라는 직업이 적성에 맞지 않는다고 방황하던 사람이 모든 어려움을 극복하고 이제는 세계일주와 함께 새로운 제2의 인생을 시작하는 모습이 아름답다. 여행을 마치고 나면 뭔가 새로운 메시지가 주어질 것이니 걱정 말고 두 날개를 쫙 펴고 세계를 마음껏 날아 보란다. 그리고 당신의 뜻을 항상 존중하며 사랑한단다.

중년이 되어 아내로부터 사랑과 정성이 듬뿍 들어 있는 편지를 받고 보니 감사하고 행복하다는 생각이 들었다. 부부가 함께 살면서 가장 중요한 것이 서로간의 신뢰와 사랑이며 그것이 행복을 느낄 수 있는 기본 전제 조건과 같다는 생각이 든다.

그리고 2주일 뒤 아내가 혼자서 페루로 날아와 합류했다. 아내가 지구 반대편까지 제대로 올 수 있을까 걱정했지만 기우에 불과했다. 페루에 도착하는 날 공항에 배웅을 나갔는데 입국장을 씩씩하게 걸어 나오고 있었다. 요즘도 아내는 그때 일을 떠올리며 "나는 혼자서 지구 반 바퀴를 돌아 남편을 찾아온 자랑스러운 대한민국 아줌마다. 그리고 당신은 내 손바닥 안에 있다. 한눈팔면 지구 끝까지 라도 찾아가 혼내 준다"고 농담 같은 진담을 한다. 그런 아내가 밉기보다는 대단하다는 생각이 든다. 아내와 함께 베이스캠프에서 마을버스와 함께 출발할 날을 기다렸다. 그리고 페루의 수도 리마에서 마을버스를 다시 만났다.

와라스(Huaraz)의 '라구나(LAGUNA) 69'

마을버스가 페루 리마항에서 통관 절차를 거치는 동안 시간적 여유가 생겨 '라구나69'로 유명한 와라스(Huaraz)를 다녀오기로 했다.

와라스는 리마에서 거리상 그리 멀지 않지만 도로 사정이 좋지 않아 북쪽으로 약 7시간 동안 버스를 타고 가야 한다. '라구나(LAGUNA)'는 영어 'LAKE – 호수'라는 뜻으로 호수가 하도 많아 이름을 일일이

붙일 수 없어 그냥 1번부터 69번까지 숫자로 불렀다고 한다.

멀리서 봐도 만년설이 장엄하게 서 있는 모습이 보였다. 눈으로 담아 가는 것만으로도 고마울 뿐이다. 카메라의 셔터가 맞춰지기도 전에 또 다른 장면이 눈에 들어오고 아무 곳을 찍어도 모두 그림이다. 와라스는 남미의 계절상 날씨가 좋은 9월부터 2월까지가 적기라고 한다.

이미 와라스가 해발고도 3천m가 넘는 고산지역이지만 처음에는 그런 대로 갈 만했다. 그러나 점차 경사가 급해지면서 고산증 증세가 심하게 느껴지기 시작했다. 머리는 약간 술에 취한 듯 멍해지고 숨이 차서 10m쯤 가다가 멈추기를 반복하면서 트래킹 속도가 급격하게 떨어졌다. 힘은 들어도 주변 풍경은 모두 그림이다.

힘들어서 못 가면 어떤가? 즐기면서 갈 수 있는 데까지만 가면 되지, 몸이 허락하지 않는 곳까지 굳이 억지로 갈 필요는 없어 보였다. 자연은 많은 것을 가지고 있지만 오늘 내가 받고 느낄 수 있는 만큼만 받아 가고 싶었다. 나중에 쓸지 모른다고 악착같이 쓸어 담아 가려는 욕심보다는 작은 것을 가지고도 충분히 행복을 느낄 수 있는 것은 바로 내 마음이기 때문이다. 이제 물욕의 바구니는 나이가 들수록 점점 더 작아져야 몸과 마음이 풍요로워질 것 같다.

여행의 시작, 리마에서 나스카로

페루에 도착한 지 근 20일 만에 통관 문제를 포함해서 모든 일들이 일단락되었다. 이제 페루에서 출발해 볼리비아와 아르헨티나, 칠레를 여행하고 2개월 정도 후에 다시 리마로 돌아올 생각이다. 그리고 에콰도르와 콜롬비아, 중미와 미국을 거쳐 유럽으로 갈 계획이다. 이제 본격적으로 1년간의 여행이 드디어 시작되었다.

1차 목적지를 세계 7대 불가사의의 하나인 마추픽추로 정했다. 리마에서 차를 가지고 가려면 나스카를 거쳐 잉카의 옛 수도 쿠스코로 가야 한다. 오늘은 나스카까지 가서 쉬고 다음은 아방까요, 3일째 되는 날 쿠스코에 도착하기로 했다.

중간중간 우리나라의 읍내나 면소재지 같은 작은 마을들을 지나면서 허리 굽은 할머니가 염소들을 몰고 가는 모습도 보인다. 지구 반대편이지만 아들 등록금 마련을 위해 가축을 키우던 우리들의 어머니와 아버지의 옛 모습이 떠올라 친근감이 느껴졌다.

나스카로 가려면 도중에 피스코와 이까라는 도시를 거쳐 가야 한다. 피스코라는 도시는 페루인들의 자존심이자 국민의 술 '피스코'의 원산지이기도 하다. 피스코에서 이까까지는 포도밭이 아주 많다. 안데스 산맥의 물이 지하로 흘러 포도를 재배할 수 있었고 사막의 뜨거운 태양이 당도를 높여 더 유명하다고 한다. '이까'라는 도시는 오아시스로 유명한 곳이다. "사막이 아름다운 것은 오아시스가 있기 때문이다"라고 했던가? 피스코와 이까, 술과 사막, 그리고 오아시스? 뭔가 어울리지 않는 묘한 느낌이 든다.

리마에서 나스카까지 가는 길은 팬 아메리카 도로의 해안선을 따라 남쪽으로 가야 한다. 몇 시간을 달려도 오른쪽은 태평양이고 왼쪽은 사막의 연속이다. 리마에서 출발하여 친차 – 피스코 – 이카 – 나스카까지 하루 동안 450km를 왔다. 점심을 먹으며 쉬엄쉬엄 왔더니 11시간이나 걸렸다. 하지만 마을버스를 운전하면서 오후 내내 나는 마음속으로 흥분을 감추지 못했다. 대한민국에 태어나 지구 반대편 팬 아메리카 해안도로를 직접 운전해서 달려 본 사람이 얼마나 될까? 결과적으로 나에게는 꿈이 있었고 그 꿈을 이루려는 뜨거운 열정이 아직 살아 있기 때문에 가능했다는 생각이 든다.

안데스 고원

나스카에서 쿠스코로 가려면 해발 4천 미터가 넘는 안데스 고원을 넘어야 한다. 리마에서 나스카까지는 태평양 해안선을 따라 이어지는 평탄한 길이었지만 이제부터는 내륙으로 들어와 안데스 고원으로 접어들기 시작했다. 이따금 내륙으로 통하는 차량들이 힘들어 하면서 나타났다가 사라지기도 하고 멀리 나사모양으로 보이는 도로들이 하염없이 이어져 있다. 해발 2천m 정도에서는 큰 차이를 느끼지 못했는데 고도가 3천m 넘어가자 나무들이 시선에서 사라졌다. 키가 작은 잡목들과 강하고 억세 보이는 풀들이 보이더니 4천m가 되자 억센 풀들과 바닥에 듬성듬성 잔디 같은 이끼들만 보였다.

안데스고원에서도 햇빛에 반사되어 물이 보이는 곳에는 어딘가에 마을이 나타났다. 고도가 높아 술에 취한 듯 고산증이 오고 척박해서 도무지 사람이 살 수 없을 것 같은 곳에도 평편한 곳에는 알파카나 비쁘냐 무리가 보인다. 페루 국기를 자세히 보면 동물이 하나 보이는데 바로 비쁘냐다. 야마보다는 작고 목이 길어 가젤이나 사슴처럼 보인다. 언뜻 봐서는 비슷해 보이지만 덩치가 가장 큰 것부터 야마, 알파카, 비쁘냐 순이다. 이따금 원주민 목동들이 보였다. 얼굴은 고산지대 햇빛에

오래 노출되어서인지 검은색과 붉은 색의 중간 정도로 보였다. 우리들을 보자 환하게 웃었다. 무척 순박해 보였지만 삶은 고단해 보였다.

하루 종일 오르막만 계속되는 길이라 차가 무척 힘들어 했다. 9년이 넘어 은퇴한 마을버스라 당연한지도 모르겠다. 사람으로 생각해도 노구의 몸으로 하루 종일 언덕만 올라간다는 것이 어디 쉽겠는가? 3천 미터가 넘는 지역은 산소가 부족해서 그런지 오후에는 배기통에서 하얀 가스가 나오기도 했지만 다행히 고원을 넘었다. 우리나라 마을버스가 해발 4천 미터가 넘는 고산지역을 달린 것은 이 차가 처음일 것이라는 생각이 든다. 차를 가지고 여행하면 고장 위험도 있지만 반면에 이동은

자유롭다. 사진 찍고 싶으면 멈추고 허기가 지면 가다가 요기도 할 수 있다. 세상은 장단점이 함께 있기 마련이다. 편한 것이 있으면 어려운 것이 있고 오르막이 있으면 내리막도 있는 것이니 세상에 공짜가 어디 있겠는가?

'쿠스코' 그리고 마추픽추

잉카 신화에서는 "태양이 만코 카팍에게 준 황금 지팡이를 쿠스코의 비옥한 땅에 두드려서 수도의 자리를 정했다"라는 말이 전해져 온다. 흙벽돌로 지은 집에 붉은빛이 바래 어두운 듯 진한 지붕이 전설과 역사적 진통을 말없이 감싸고 있는 듯하다.

자신들이 세계의 중심이라고 믿었던 잉카제국의 수도 쿠스코. 잉카어로 쿠스코는 '세계의 배꼽'이라는 뜻이다. 그들은 또 하늘은 독수리, 땅은 퓨마, 지하는 뱀이 지배한다고 믿었다. 그래서 쿠스코라는 도시는 전체가 퓨마의 형상을 하고 있다. 머리 부분은 종교시설, 태양 신전은 허리, 제사를 지내던 대광장은 심장의 위치다. 그러나 식민지 통치자들은 잉카의 존재감과 정신을 지우기 위해 궁전과 신전을 밀어내고 그 자리에 교회와 수도원 같은 종교 시설들을 세웠다. 그리고 수도를 리마로 옮기면서 사실상 역사 속으로 잊어져 가는 도시였다가 19세기 초 독립과 함께 잉카의 정신이 다시 부각되었다. 그들의 자부심이자 옴파로스를 다시 찾은 것이다.

쿠스코의 중심 아르마스 광장에서 잠시 숨을 돌리고 있는 사이 갑자기 천둥번개가 치면서 소나기가 억수같이 쏟아졌다. 비를 보며 잠시 쉬고 있는 사이 한국에서 온 대학생들이 환호성이다. 지구 반대편 남미에서 한글 안내판이 그대로 붙어 있는 12번 마을버스를 보고 열광하지 않는다면 아마 한국인이 아닐 것이다. 모두가 무척 반가워하며 열광했다. 쿠스코에서 한국인이 왜 한국인인지 느끼게 됐다.

원주민어인 케추아어로 마추픽추는 "늙은 봉우리"라는 뜻이다. 잉카인들은 돌에 대해서는 신비에 가까울 정도의 기술을 가지고 있었다. 마추픽추에서와 같이 돌과 돌 사이의 정교한 맞물림으로 건축된 태양의 신전이나 해발 3천 미터가 넘는 고지대에서 정교한 관계수로와 계단밭을 만들어 물을 공급했고 지금까지도 원형이 유지되고 있다. 전성기 때는 지금의 노후 연금과 같은 제도가 있어 노후에도 굶는 자가 없었다고 한다. 아쉬운 것은 아치 기술을 몰라 지붕은 모두 짚으로 덮었다는 점과 그들은 금과 은에 대해서는 잘 알았으나 철에 대해서는 몰라 스페인 군에 속절없이 무너졌다는 것이다.

하늘이 가까워 더 맑은 '티티카카 호수'

티티카카 호수는 해발 고도 3,800m가 넘는 곳에 있다. 제주도 한라산이 1,955m이니 거의 두 배나 높은 곳에 호수가 있는 것이다. 규모도 그렇지만 이곳이 유명해진 것은 전쟁을 피해 호수로 들어가 인공 섬을 만들고 살아온 우로스 사람들 때문이다. 호수에서 자라는 갈대나 왕골같이 생긴 토토라를 잘라 뗏목 형태로 만들어 서로 묶은 다음, 거기에 다시 마른 토토라를 깔면 섬이 완성된다. 이렇게 몇 가구가 사는 작은 규모부터 수백 명이 모여 사는 마을까지 40여 개의 인공 섬들이 떠 있다고 한다. 그리고 토토라는 섬을 만드는 재료뿐만 아니라 가축의 먹이와 배를 만들기도 하니 우로스 사람들의 지혜이면서 섬에서 살 수 있게 해준 바탕이 된 셈이다.

우로스 섬에 들어가기 위해서는 대부분 페루의 남부 도시 푸노에서 배를 타고 들어가게 되는데, 선착장에 정박되어 있는 배들의 규모가 엄청난 것을 보니 세계적 관광지임을 실감할 수 있었다. 입구에서 티켓을 구입하자 20대 젊은 선장과 동생으로 보이는 어린아이가 번갈아 배를 운전하고 가이드가 영어로 안내를 했다. 'Titi'는 퓨마(puma)를 'caca'

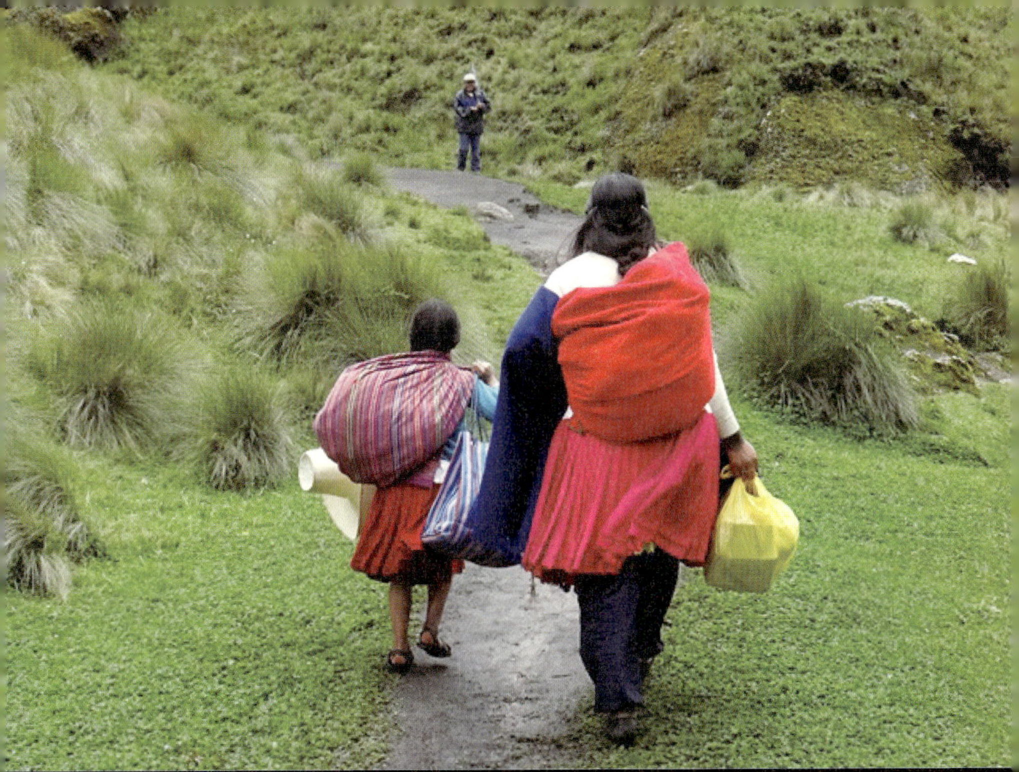

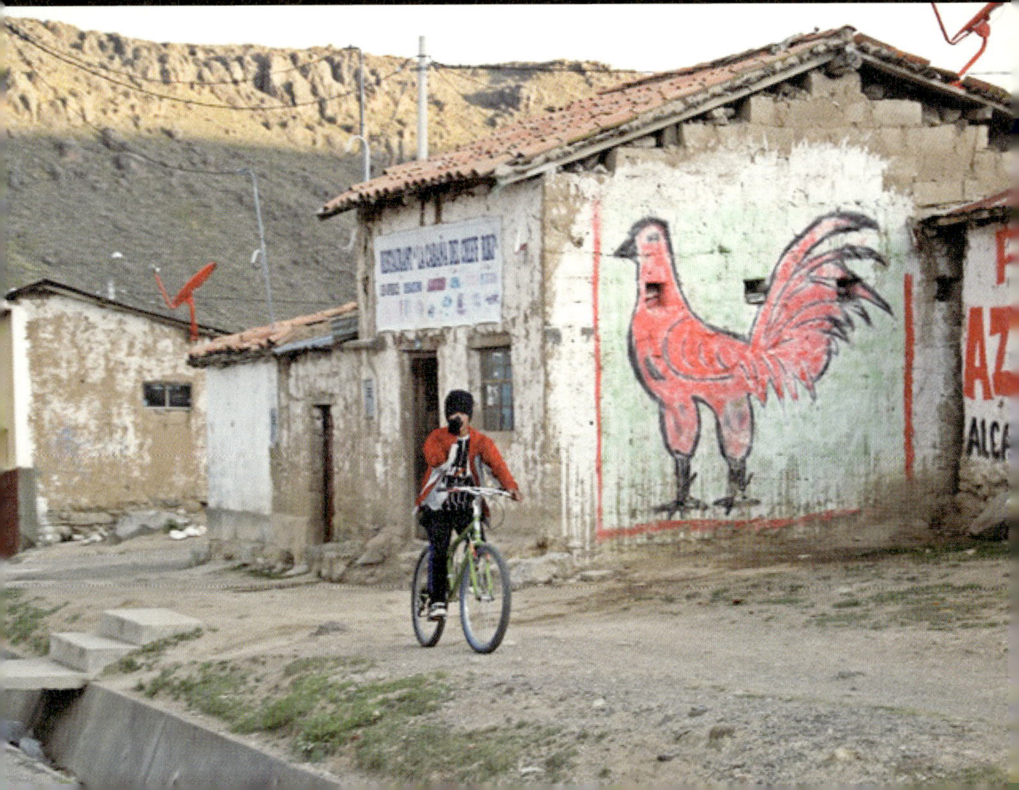

는 회색, 즉 잉카인들의 힘을 상징하는 회색 퓨마를 의미한다고 한다. 배가 선착장을 출발하자 토토라와 갈대 사이로 난 길은 잔물결을 일렁였다.

한참을 가다가 우리가 타고 있는 배에서 고동을 울리며 작은 섬 가까이 도착하자 원주민 아주머니들이 남미 식으로 포옹과 볼을 맞대며 인사를 했다. 습관이 되지 않아서 어색했지만 인사를 나누고 나자 배를 만드는 설명과 원주민 민속 옷을 입고 사진도 찍고 그들이 벤츠라고 말

하는 배를 탔다. 원래의 모습보다는 모두가 지나치게 관광 상품화되었다는 아쉬움도 있지만 그들만 본래의 모습을 지키고 있으라고 할 수는 없다는 생각이 들었다. 관광객들이 살고 있는 세상과 그들이 서로 달라야만 되는 것은 아니기 때문이다. 현실은 누구에게나 똑같은 현실이니 말이다. 고도가 높아 하늘에 더 가까워서인지 티티카카 호수의 하늘과 물과 배의 모습은 우리가 살고 있는 속세보다는 오히려 한층 더 맑은 세상 속에 있는 것 같다.

슬픈 역사를 가진 잉카의 도시 '카하마르카(Cajamarca)'

페루에는 슬픈 역사를 가진 도시 '카하마르카'가 있다. 잉카의 마지막 황제 아타후알파가 스페인의 정복자 피사로에 의해 처형되면서 제국의 종말을 맞이한 곳이다. 해발 2,800m 분지에 있어 들어가거나 나가려면 높은 산들을 넘어가야 한다. 카하마르카는 잉카어로 '카하'가 시원함, '마르카'는 도시, 즉 시원한 도시라는 뜻이다. 잉카시대에는 수도 쿠스코에 이어 두 번째로 큰 도시로 걸어서 40일 거리였다고 한다.

카하마르카 시내 끝 편에 잉카시대 때부터 지금까지 이어져 내려오는 온천이 있다. 온천장 입구에 꽃길이 조성되어 있고 한 계단 올라가면 땅에서 물이 솟아 올라오는 열기로 수증기가 자욱하다. 목욕 티켓 이름이 쓰여 있는 건물로 들어서면 안내인이 룸을 정해 준다. 목욕시간은 30분간만 이용할 수 있다.

목욕한다기보다는 혼자서 따끈한 온천물에 아무 간섭도 없이 편하게 있다 나온다 생각하면 좋다. 사용한 욕탕은 관리인이 바로 청소를 하고 다시 다음 사용자가 이용하는 형식이다. 온천수라고 해서 특별한 냄새도 없고 무색무취의 따끈한 물이다. 짧은 시간이지만 목욕을 마치고 나온 사람들의 모습은 얼굴들이 뽀샤시해서 들어가지 않은 사람들과 확실히 구분된다. 세계여행을 시작하고 나서 온천욕은 이곳 카하마르카가 처음이다. 묵은 피로가 풀리고 며칠간은 온몸이 보드라웠다.

석방의 방(Quarto del Rescate)

피사로가 남미에 왔을 때 잉카 제국은 내란 상태에 있었다. 에콰도르 지역을 기반으로 하고 있던 아타후알파는 수도 쿠스코에 있는 이복형과의 전쟁을 통해 황제가 되었다. 얼마 후 피사로의 군대가 카하마르카에 주둔하자 나중에 활용할 목적으로 그 도시를 갖도록 은혜를 배풀었다. 피사로가 감사의 뜻으로 연회에 초청했고, 그가 방문했을 때 매복하고 있던 군사들이 황제를 인질로 잡았다. 그러자 몸값으로 이 '석방의 방'에 황금으로 가득 채워 주겠다고 제안해 온 나라에서 금과 은을 수집

했다. 보물이 채워졌지만 피사로는 보물들만 챙기고 스페인에 반항했다는 이유로 처형했다. 이로써 잉카제국은 멸망했다.

이곳이 잉카의 역사에 나오는 유명한 '석방의 방'이다. 잉카제국의 왕 '아타후알파'가 1년간 인질로 잡혀 있던 곳이다. 구시가지의 중심 아르마스 광장 가까이 있고 안내 지도에도 표시되어 있지만 자세히 보지 않으면 입구를 찾기가 쉽지 않다. 지난 역사를 지울 수는 없지만 드러내 놓고 싶지 않은 듯하다.

볼리비아

남미에서 아직 경제적으로 어렵게 산다는 나라, 반면에 주머니 가벼운 여행자들에게는 천국이라고 하는 볼리비아다. 세계 최강 팀인 아르헨티나나 브라질 축구 국가 대표팀도 볼리비아에 오면 힘도 제대로 못 써보고 지고 간다고 한다. 수도 라파스를 포함해 해발 3,500~4,500m가 대부분이니 보통 사람인들 축구장에서 어디 달리기라도 제대로 할까 싶지만 현지인들은 잘도 뛴다.

볼리비아 역시 다른 남미 국가들과 같이 스페인의 지배를 받다가 독립영웅 볼리바르(Bolivar, S)장군 주도로 1800년대 초 독립하였다. 볼리비아라는 국명도 장군의 이름을 딴 것이다. 독립 후 1980년대까지 194회의 쿠데타로 정치적 수난을 겪다가 민간정부로 이양한 이후 안정화되어 가고 있다고 한다.

국경 마을 코파카바나(COPACABANA)

파란 하늘과 호수, 맑고 신선한 바람, 맛있는 음식에 미안할 정도로 착한 가격, 마주치는 사람마다 느껴지는 따뜻한 미소, 여행자들의 마음을 사로잡는 작고 소박한 마을 '코파카바나'다.

국경을 통과한 다음날 아침, 코파카나바에서 출발하여 1시간쯤 가다가 마을버스를 바지선에 태워 티티카카 호수를 건넜다. 길 건너편에 볼리비아 해군기지가 있었다. 바다가 없는 내륙 국가 볼리비아에도

해군이 있는가? 칠레와 전쟁으로 태평양으로 가는 바다를 잃은 답답한 아쉬움을 티티카카 호수에서 달래고 있는지도 모른다.

오늘은 크리스마스다. 우유니 사막으로 가기 위해 수도 라파스로 가던 도중에 거리를 보니 노인과 아이들이 나와 앉아 있었다. 그러던 중 차 한 대가 멈추면 사람들이 우르르 그쪽으로 달려갔다. 성탄절 하루는 산타가 되는 문화가 있어 길을 가다 음식이나 선물을 나누어 주고 가기

때문이라고 한다. 미리 알았더라면 조금이라도 준비해 와서 오늘 하루라도 산타가 되었으면 좋으련만 하는 아쉬움이 남았다. 그들의 색다른 문화도 이해가 된다. 1년에 하루쯤은 사람을 구분하지 않고 선물을 나누어 주는 모습이 좋아 보였다.

사막에서 만난 모래 폭풍

볼리비아 수도 라파스에서 우유니로 가려면 세계적인 주석 산지 중에 하나인 '오루로'라고 하는 광산 도시를 지나야 한다. 오루로는 원주민을 일컫던 우루우루에서 유래되었다. 이곳에선 매년 2월에는 원주민들의 종교의식과 가톨릭 문화가 융합된 카니발이 열리는데 세계적 명성과 보존 가치를 인정받아 유네스코 세계문화유산으로 등재되었다고 한다.

오루로에서 우유니로 가려면 두 가지 길이 있다. '우아리(Huari)' 마을을 거쳐 우유니로 직접 가는데 지도상으로는 318km지만 절반 정도가 비포장도로이고, 또 하나는 포토시라는 도시로 갔다가 거기서 우유니로 가는데 511km인 반면에 모두 포장된 도로다. 현지인에게 물어봤는데 시간은 비슷하게 걸린다고 하였다. 논의한 결과 포토시로 가는 길은 너무 돌아가니 조금 불편하더라도 거리가 가까운 비포장이 포함된 도로로 가기로 했다.

어제 밤늦게 오루로에 도착해서 무척 피곤했지만 어두워지기 전에 우유니에 도착하기 위해 아침 일찍 출발했다. 볼리비아에서 맛있다고 소문난 맥주가 생산된다는 '우아리(Huari)'를 지날 때까지만 해도 포장된 도로라 계획대로 아주 순조롭게 가고 있었다. 그러나 그 이후부터 비포장이라 시속 25km를 넘기면 진동과 소음이 심하여 천천히 갈 수밖에 없었고 도로를 벗어나면 차가 빠지기 쉬운 모래밭이라 운전 역시 상당히 신경이 쓰였다.

우리 외에는 차량도 뜸해 어쩌다 도로공사를 하고 있는 트럭들이 뿌연 먼지를 날리며 가까이 왔다가 다시 사라지는 것이 전부였다. 몇 시간을 절절 매면서 가고서야 다른 차들이 다니지 않는 이유를 깨달았다. 사막이라 무더운 날씨에 비포장 길을 4시간 이상 왔다고 생각했는데 지도상으로는 100km 정도밖에 오지 못했다. 그리고 오후 5시쯤 되자 출발할 때 차에 기름을 충분히 채웠었는데도 운전시간이 길어지면서 기름도 얼마 남지 않았다. 조금 있으면 어두워지기 시작할 텐데 느낌상 우유니는 앞으로 60~70km는 족히 남아 보였다. 오가는 차들도 없는 비포장 사막 한가운데서 기름도 없이 밤길을 간다는 것은 아무래도 여의치가 않아 보였다.

그러던 차에 갑자기 날씨가 어두워지면서 심한 회오리바람과 함께 모래 폭풍이 불기 시작하더니 거의 도로를 분간할 수가 없었다. 사실상 운전도 불가능했다. 순간 폭풍 속에서 불빛이 보여 무조건 그 방향으로 대피하기로 했다. 도착해서 봤더니 도로를 공사하는 현장 사무소였다. 우선 폭풍부터 대피하고 정신을 차린 뒤 아라비아 로렌스에서처럼 큰 수건으로 얼굴과 머리를 감싸고 사무실로 찾아갔다. 자동차 기름을 구할 수 없느냐고 묻자, 소장에게 가서 사정해 보란다. 마음씨 좋은 소장이 아무리 생각해 봐도 이 폭풍 속에서 우리가 다른 대안이 없음을 알았는지 주유소까지 갈 수 있는 기름을 넣어 주라고 지시하면서, 지금은 바람이 심하고 밤이라 위험하니 내일 아침에 가는 것이 좋겠다고 한다. 마침 공사 인부들 중에 크리스마스 휴가를 간 사람이 있어서 막사에 빈자리가 있을 테니 거기서 쉬어 가라고 했다. 사막에서 공사 현장이라 차량 기름에 대피처, 잠자리, 식사까지 해결할 수 있었으니 그야말로 사막에서 오아시스보다 더한 구세주를 만났던 것이다.

다음날 아침, 아무것도 분간할 수 없을 정도로 불었던 폭풍은 흔적도 없고 사막 한 자락에 해가 밝게 웃고 있었다. 공사장 식당에서 이름이 알렉스라고 하는 젊은 주방장이 해주는 아침까지 맛있게 먹고 그 사이 친해진 사람들과 악수와 포옹을 나누며 나도 모르게 아미고(Amigo, 친구)와 그라시아스(Gracias, 감사합니다)를 연발하며 그곳을 나섰다. 어제 저녁 아무것도 보이지 않던 폭풍 속에서 이곳이 없었다면 어떻게 되었을까? 아무리 생각해도 그냥 이 말만 계속 떠오른다.

볼리비아!

아미고, 그라시아스!

우유니 소금사막(Sala de Uyuni)

세계 최대 소금 사막인 우유니는 지구의 지각변동으로 솟아 오른 바다가 빙하기가 지나 녹기 시작하여 거대한 호수가 생겼는데, 오랜 기간 동안 건조한 사막 기후로 물은 증발하고 소금 결정체만 남아 있어 생겨난 소금 사막이라고 한다. 이곳의 소금 두께는 1m에서 120m까지 다양하고 과거에는 이 지역 주민들이 소금을 채취해 팔았지만 지금은 정부인가회사에서 채취해 정제하여 사용하고 있다.

특히 이곳의 우기인 12~3월에는 20~30㎝의 물이 고여 얕은 호수가 만들어지는데 이때가 가장 아름답다고들 한다. 낮에는 물위에 햇빛과 파란 하늘, 그리고 구름이 투명하게 반사되고, 밤이면 별이 호수 속에 들어 있는 듯이 장관을 연출한다고 한다.

아르헨티나

여행을 시작하기 전에 아내에게 남미를 가게 된다면 어디를 가고 싶은지 물었더니 페루의 '마추픽추' 다음에 '우유니 소금사막', '이과수 폭포' 그리고 '부에노스아이레스'라는 아르헨티나의 수도를 꼽았다.

마추픽추와 우유니 소금 사막은 지나왔으니 이제는 이과수와 부에노스아이레스를 목표로 가기로 했다. 하지만 지도를 검색해 봤더니 이과수까지는 1,840km를 가야 하고 부에노스아이레스까지는 3,170km로 거리가 만만치 않았다. 자동차로 가는 데 1주일은 족히 걸릴 것 같고 길은 대부분 팜파스 지역으로 끝없는 평야를 지나가야 한다.

살타(salta)에서 신년맞이

볼리비아 국경을 통과해서 이과수 폭포까지 근 2천 킬로미터라 몇 군데 중간 기착지를 정해 가기로 했다. 먼저 '살타(Salta)'로 가기로 했다. 대서양의 부에노스아이레스에서 태평양의 페루 리마를 지도상 직선으로 긋는다면 바로 중간 지점에 살타가 있다. 전략적인 요충지라 역사 유적이 많고 인근에 공항이 있어 외국 관광객들이 많이 찾는 곳이다.

　자동차 여행을 하다 보면 그날그날 상황에 따라서 변하기 때문에 오히려 머물 곳이 유동적일 때가 많다. 숙소를 찾았더니 1월 1일이 끼어 있는 연휴라 관광객이 많아 여의치가 않았다. 방이 없다는 곳에서 추천해 준 게스트하우스에 가봤더니 다행히 머물 수가 있었다. 마침 12월 31일이라 저녁에 송년회 겸 바비큐 파티를 할 예정이라며 신청을 받고 있었는데, 마당 한편 가마에 숯불을 피워 놓고 고기 굽는 냄새에 참가 신청을 할 수밖에 없었다. 저녁 9시에 시작한 송년 파티에는 숙소에 머물고 있는 사람들 거의가 참여했다. 그중에 집은 미국 LA인데 한국 용인 수지에서 2년간 영어를 가르친 경험이 있다며 유창한 한국말을 구사하는 2명의 젊은 친구가 있었다. 마침 이곳에서 일하고 있는 40대 남자도 한국말과 태권도를 배우고 있다며 하나에서 열까지 우리말로

또박또박 말하고 나서 스스로 자랑스러워한다. 그러면서 잠시나마 파티장은 갑자기 한국어 경연장이 되어 버렸다. 남미를 여행하면서 한국에 대한 인지도와 호감도가 의외로 무척 좋다는 것을 느꼈다. K-POP이나 드라마, 스포츠나 태권도, 전자제품 어느 것이 그 사람들에게 영향을 미쳤는지를 모르겠지만 대한민국 국민이라는 것이 자랑스럽고 뿌듯했다.

밤 12시가 되자 숙소에서 무료로 샴페인을 제공했다. 송년 음악 소리와 함께 밖에서는 폭죽이 요란하게 터졌다. 스위스 부부, 프랑스와 스페인 커플과 함께 모두 거리로 나가 불꽃놀이도 즐기며 묵은 해를 보내고 새해를 가슴으로 맞이했다. 우리도 올 한 해도 무사히 그리고 건강하고 즐겁게 세계일주를 마치고 집으로 귀환하기를 기원했다.

이과수 폭포(Iguazu Falls)

살타(Salta)를 출발한 지 4일째 되는 날에 이과수 폭포(Iguazu Falls)에 도착했다. 270여 개로 폭포로 이루어진 이과수라는 말은 원주민인 과라니어로 물이라는 '이구'와 엄청 크다는 '아수'라는 말이 합쳐져 '엄청나게 큰 물'을 뜻한다고 한다. 북미에 '나이아가라' 아프리카의 '빅토리아'와 함께 세계 3대 폭포 중 하나다. 외부에 처음 알려진 것은 1540년쯤이다.

원래 이과수 지역에는 원시시대부터 과라니족이 대대로 살아왔었고 근대에 들어서 파라과이 영토였으나 1863~1870년 파라과이와 삼국동맹(브라질, 아르헨티나, 우루과이)과의 전쟁으로 대부분 브라질과 아르헨티나 영토로 편입이 되었다. 역사 자료를 읽다 보면 지금까지 내려온 남미 최대의 전쟁으로 파라과이 남자들의 90%가 사망했고 전쟁 배상과 국가 간의 채무가 거의 백 년간이나 이어져 왔다고 하니까 얼마나 끔찍한 전쟁이었는가를 짐작할 수 있다.

관광객들 사이에 브라질과 아르헨티나 어느 쪽 폭포가 더 좋으냐를 물어보는데 우스갯소리로 자장면과 짬뽕 중에서 뭐가 맛있냐고 물어보는 것과 같다. 바로 그 사람의 취향에 따라 다르기 때문이다. 지구 반대편 대한민국에서 거기까지 갔다면 1박 2일 동안 두 곳을 다 가보되, 대부분 선 브라질 후 아르헨티나를 추천하고 있었다. 브라질에서는 주로 아래쪽에서 위를 쳐다보게 되는데 낙차가 80m나 되는 폭포들이 파노라마처럼 펼쳐진 모습들을 먼저 느끼면서 사라진 자신의 감성을 찾아보라는 뜻이 아닐까 싶다. 그리고 아르헨티나 쪽에서는 일명 '악마의 목구멍(Garganta del Diablo)'을 보고 자연의 장엄함과 인간의 삶을 돌이켜 보라는 뜻일 것 같다. 이 역시 생각일 뿐 사람마다 느끼는 것이 다르니 정답이라고 할 수 없다. 어쨌든 이과수 폭포를 한참 쳐다보고 있으면 이 세상 모든 상념과 옹졸함이 바로 악마의 목구멍으로 빨려들어 가버리고 자연의 위대함과 경이로움을 느끼며 돌아올 것만은 분명해 보인다.

대통령궁과 5월 광장

　영화 '에비타'에서 에바페론이 대통령궁 발코니에 나와서 운집한 청중들을 향하여 연설하는 장면이 생각난다. 영화 속에서 본 건물들이 이미 눈에 익어 친숙해져 있다. 5월 광장에는 여러 현수막들과 함께 십자가가 꽂혀 있다. 군사정부 때 사라진 사람들의 아픈 사연이 아직도 남아 있다. 환호와 아픔이 함께 느껴지는 광장이다.

　1930년대 소고기 무역으로 한때 세계 5대 부자 나라였던 아르헨티나가 건국 400주년 기념으로 세웠다는 오벨리스크. 어떤 사람들은 아르헨티나를 "예전에 부자였다가 지금은 몰락한 양반"이라고 비유하지만 그래도 사람들 사이에 풍기는 자존심과 도시가 가지고 있는 품위는 세계 어느 도시에서도 아직 밀리지 않아 보인다.

라틴 화첩을 쓴 김병종 서울대 교수는 "남미는 내게 황홀의 덩어리였고 색채의 교사였다. 불멸의 정신이었고 영혼의 땅이었다"라고 했던가. 시내 중심 플로리다 거리에 어둠이 깔리면 그동안 숨어 있던 영혼이 탱고와 함께 다시 살아난다.

가난한 이민자들의 우울한 고독감과 격정적인 감성이 만들어 낸 예술이라고 하는 탱고 몇 곡을 감상하고 있자니 두 남녀 땅게로스(춤추는 사람) 사이의 타오르는 강렬한 눈빛이 먼저 들어왔다. 이어서 빨랐다가 느려지기를 반복하는 음악에 따라 현란하게 움직이는 "네 다리 사이의 예술"이라고 표현한 말처럼 탱고 속으로 빨려 들어가는 느낌이다.

탱고 공화국 '카미니토'

항구 도시 부에노스아이레스의 보카에 가면 땅고(그곳 사람들은 그렇게 불렀다.)가 태어났다는 '카미니토'가 있다. 원래 '작은 거리'라는 뜻의 이 거리는 골목길을 다 합쳐봐야 150m 정도밖에 되지 않는 허름한 마을이지만 항상 관광객들로 넘쳐 난다. 기차가 다니다 만 길과 알록달록 원색의 페인트를 칠한 건물과 벽들 사이로 하루 종일 탱고 음악과 춤이 이어진다. 관광객들이 많이 모인다고 해서 굳이 밀어내고 새로 짓고 할 필요 없이 그대로가 더 좋다. 길거리에 앉아 차 한 잔 마시며 탱고에 빠지는데 맨바닥인들 어떤가?

탱고 음악 하면 아르헨티나에서 국민적 영웅으로 추앙받는 사람이 있다. 에바페론, 마라도나와 함께 탱고의 황제로 불리는 카를로스 가르델(Carlos Gardel)이다. 그의 기념관에서 가까운 지하철 역 이름도 같다. 우리나라에도 잘 알려진 영화 "여인의 향기"에서 배우 '알파치노'가 탱고를 출 때 배경음악으로 나오는 'Por una Cabeza'(머리 하나 차이로)가 대표적인 명곡이다.

호수의 도시 바릴로체

 아르헨티나에서 이제 서쪽 칠레로 가기로 했다. 그리고 호반의 도시 바릴로체는 꼭 들러야 한다는 다른 여행자들의 조언을 듣기로 했다. 지도에서는 부에노스아이레스에서 바릴로체까지 거리가 1,856km라고 나왔다. 도로는 편도 1차선에 왕복 2차선, 트럭들 바퀴자국으로 바닥이 울퉁불퉁해서 속도를 내기도 힘들다. 산도 없이 끝없이 펼쳐진 벌판에 이따금 소들이 풀을 뜯고 있는 모습을 볼 수 있다. 중간에 로드킬을 당한 동물의 사체들도 많다. 인간이 만들어 놓은 길에 함부로 침입한 단죄이던가? 볼 때마다 아쉬움과 미안함이 앞선다.

바릴로체는 안데스 산맥을 배경으로 산과 호수가 어우러져 남미의 스위스라고 하는 '나우엘 우아뻬' 국립공원이 있다. 특히 빠뉴엘로 항구 주변은 설산, 호수, 골프장, 선착장이 어우러져 알프스가 부럽지 않다. 근처 깜빠나리오에 들러 스키용 리프트를 타고 언덕을 오르면 호수와 산들이 한눈에 담긴다.

저녁 7시 반쯤 바빌로체에 도착했는데 무척 쌀쌀했다. 4시간 전 안데스 동편 네오켄에서 과일을 사먹을 때만 해도 무더운 여름 날씨였었다. 점점 고도가 높아지더니 한나절 사이에 한여름이었던 날씨가 초겨울로 바뀌는 느낌이다.

아내가 바릴로체에 간다면 꼭 가봐야 한다는 유명 레스토랑을 찾았다. 조그만 도시라 쉽게 찾을 수 있었다. 주말이라 그런지 밤 11시가 넘었는데도, 식당에서는 부부가 아이들과 함께 어울리는 분위기가 한창이었다. 부에노스아이레스에서도 느꼈지만 남미의 식사시간은 우리보다는 2~3시간 늦고 모두가 서두르지 않는다는 느낌을 받았다. 저녁은 번역기로 준비해 간 '비페 데 로모(bife de lomo) - 안심 스테이크'와 샐러드, 아르헨티나 포도주의 자존심 '말백'을 시켰다. 아르헨티나에서 먹는 소고기는 다른 나라와는 맛과 느낌이 완전히 다르다. 고기 자체가 두껍고 주로 숯불에 구워서 나온다. 그 맛? 고기를 별로 좋아하지 않는 사람도 엄지손가락을 금방 치켜세울 맛이다. 거기에 뒷맛이 약간 쌉쌀한 말백까지 함께하면 금상첨화!

칠레

국경도시 푸콘

아르헨티나 바릴로체에서 칠레로 가는 국경은 국립공원을 사이에 두고 있어 약간의 비포장도로만 감수하고 나면 경치가 수려했다. 까다롭다 들었던 칠레 국경 통과는 세관 신고서에 나와 있는 대로 먹다 남은 과일과 음식물은 가지고 갈 수 없으니 그냥 놓고 가라고 했을 뿐 의외로 간단했다.

칠레 국경을 통과해 가장 가까운 도시 푸콘(Pucon)에 도착했다. 페루를 출발해 볼리비아와 아르헨티나를 거쳐 칠레에 왔지만 국경을 지나오면 나라마다 뭔가 느낌과 분위기가 다르다. 아르헨티나 도로 노견은 주로 자갈밭인데 칠레는 아스팔트로 포장을 했다. 칠레 쪽은 부쩍 통나무집들이 많이 보이고 벌판에는 소 대신에 양들이 눈에 많이 띈다. 사람들이 많은 시내로 접어들자 남미에서는 보지 못했던 조깅하는 모습도 보이고 정상에서 작은 가스가 분출되고 있는 활화산도 보인다. 숙소 이름으로 대부분 Cabanas가 붙어 있어 궁금했었는데 통나무집을 뜻한다고 한다. 쓰다 남은 아르헨티나 페소를 칠레 화폐로 바꾸려고 했더니 기준 환율이 70임에도 40으로밖에 인정해 주지 않는다고 한다. 화폐가격은 바로 그 나라의 경제력과 물가가 바로 반영되어 있었다. 국가적 자존심 지수와는 관련이 없어야 할 텐데….

마음이 따뜻한 바닷가 작은 마을 Orsa

아르헨티나 팜파스를 지나 내륙으로 오랫동안 여행을 하다 보니 바다가 보고 싶었다. Orsa라는 한적한 바닷가 마을에서 하루를 쉬기로 했다. 머물 곳을 찾기가 쉽지 않아 지나가는 경찰에게 물었더니 퀴퀴한 냄새가 나고 좁은 방에 덩그러니 침대만 하나씩 있는 옛날 여인숙 같은 곳으로 안내해 주었다. 사실 그 마을에서 외지인이 잘 수 있는 곳은 이 집밖에 없었다. 마침 근처 슈퍼에 돼지고기를 팔고 있어 얼큰한 김치찌개 생각이 났다. 시간적 여유도 있어 주인에게 주방을 사용할 수 있도록 부탁하자 편하게 사용하라며 흔쾌히 안내해 주었다. 재료는 방금 산 돼지고기와 조금 남아 있는 고추장이 전부였다. 얼큰한 김치찌개가 생각이 났지만 이 작은 마을에 김치가 있을 리 없었다. 대신에 흔한 감자와 양파를 고추장에 버무린 얼큰한 찌개를 아내가 뚝딱 끓여 냈다. 음식에 관심을 보이던 주인아주머니와 방학으로 집에 와 있다는 아들도 초대해 함께 저녁 식사를 하는데 약간 매운맛에 연신 손부채 시늉을 하며 남아 있는 국물까지 모두 들이켰다.

조금 있다가 집에 돌아온 주인 남자와 같이 묵고 있는 아저씨도 합류했다. 피스코에 맥주까지 같이 한잔했더니 금세 친구가 되어 버렸다. 그리고 자기가 젊었을 때 힘이 장사였다는 자랑도 하고 이어서 헛간으로 데려가 할아버지 때부터 사용하고 있다는 소고기 구이 장비들을 보여 주며 연신 아미고(Amigo, 친구)라고 불러 댄다. 그리고 자기 마을의 자랑을 보여 주겠다며 바닷가로 안내해 주었다. 나이가 들수록 여자는 기울어져 가는 남편 대신에 자신의 꿈을 아들에게 심어서 키우고, 남자는 잘 나갔던 자신의 과거를 하나씩 꺼내어 되새김질하며 산다는 말이 생각이 난다.

여행자의 눈으로 어두워지고 있는 태평양 한편 바닷가 마을을 보고 있자니, 산다는 것이 무척 쉬워 보인다. 맛있게 먹고, 주어진 일 열심히 하고, 매일 보는 가족들과 함께 웃으며 살면 된다. 꾸밈없이 살고 호탕하게 웃으면서 따뜻한 마음을 가지고 있는 사람들. 해가 저물어 밤이 오면 온통 어두워지지만 그 속에서 자라나는 것이 행복이고 사랑의 길이라는 생각이 문득 들었다.

산티아고에서 만난 사람들

산티아고의 아르마스 광장에서는 체스에 몰두하고 있는 사람, 길거리 점을 보는 사람, 그림을 파는 사람들로 가득하다. 그리고 곳곳에 사람

들이 몰려 있는 곳에는 이야기꾼들이 있어 시민들의 웃음소리가 이따금 들려온다. 이곳 사람들은 밤 9시가 되어야 저녁을 먹기 시작하고 12시쯤 한창 떠들썩하다. 시내 지하철에는 고무로 된 타이어 바퀴가 달려 있어 충격과 소음이 적다. 당연히 둥근 쇠로만 되어야 한다는 열차 바퀴에 타이어를 끼운다는 것은 발상의 전환이다. 거리를 다니는 사람들 눈에는 다른 남미에서 느끼지 못한 자부심이 가득해 보였다. 역시 경제적 여유가 있어야 얼굴도 피는 것 같다.

베이비부머들의 반란?

산타루사 언덕을 오르는데 뒤에서 익숙한 한국말이 들렸다. 50대 후반 남자 셋이서 이야기를 나누며 올라오고 있었다. 반가운 마음에 인사를 나눴더니 같은 고등학교를 졸업하고 대학까지 함께 다닌 76학번 친구 셋이서 은퇴를 하고 한 달간 남미여행을 하고 있다고 한다. 여행사에서 항공과 숙박만을 제공하고 여행과 식사는 스스로 알아서 해결하는 자유여행 방식이다. 여자들이 모여 여행하는 모습은 여러 번 봤지만 중년 남자 셋이서 한 달간 여행하는 모습은 처음 봤다. 순간, 아~ 드디어 대한민국도 '남자 베이비부머들의 반란(?)'이 시작되었구나 하고 느껴졌다. 사람들은 일상의 틀에서 벗어나 탈출하는 것을 주저하게 된다. 특히 남자들은 나이를 먹어가면서 더 현상이 뚜렷해져 모험이나 도전 의식이 점점 사라져 간다고 한다. 스스로 쪼그라들고 왜소해져 가는 것이다. 남자들이 은퇴하면 제일 먼저 하고 싶은 일이 대부분 여행이다. 여행은 용기다. 자신의 삶의 터전을 빠져 나와 새롭고 낯선 곳을 찾아 나서는 것이 여행이다. 그리고 여행 중 옛날 자신이 꿈꾸어 왔던 것을 발견하고 희열하고 기뻐서 날뛰어 봐야 한다. 사람은 누구나 그런 권리가 있다고 생각한다. 인간으로 태어난 이상 말이다. 이제 대한민국도 베이비부머들의 건강한 반란(?)을 계속 기대해 본다.

산티아고의 와이너리

산티아고에서 가까운 '친차이토르'라는 와이너리를 다녀왔다. 아버지 '친차'와 어머니 '토르'의 합성어라고 한다. 유럽에서 이주해와 대대로 내려오면서 칠레화되어 자리를 잡은 것이다. 끝이 잘 보이지 않는 대단위 농장에 커다란 정원과 최신식 와인 숙성실을 갖추고 악마라는 마케팅 스토리를 접목시켰다. 남미의 여름에 해당하는 요즘 한낮 햇빛이 작렬하는 날씨에 3월 수확을 기다리며 포도가 진하게 익어 가고 있었다. 자세히 봤더니 메마른 땅에 조그만 고무호스를 연결해 포도나무 뿌리가 있는 곳에만 물이 한 방울씩 똑똑 떨어지게 만들었다. 덕분에 잡초도 없이 관리할 수 있고, 장마나 태풍이 없는 사막이라 포도 단맛이 뛰어날 수 밖에 없다.

칠레 와인의 역사는 대략 4백 년 전으로 거슬러 올라간다. 1500년대 스페인 선교사들에 의해 전래되어 재배되기 시작했다. 그러다 포도의 흑사병이라고 하는 '포도나무 뿌리진디'로 유럽의 포도농장들이 괴멸하고 있을 때 칠레는 아무런 피해를 입지 않았다. 바로 동쪽으로는 높은 안데스 산맥과 서쪽으로는 태평양, 남쪽으로는 파타고니아와 빙하, 북쪽으로는 세계에서 가장 건조한 사막이 있었기 때문이다. 안데스 산맥에서 흐르는 맑은 물과 구리 성분이 많아 병충해에 강하다는 토양 역시 포도 성장에 적합했다. 이 사건을 계기로 유럽 농장주들이 이곳으로 이주해 오면서 좋은 품종과 양조 기술이 들어와 더욱 번성했다. 특히 1990년부터 세계적으로 와인 붐이 불면서 시장 개방과 함께 칠레의 주요 산업으로 자리를 잡았다. 우리나라의 시장에서 판매되고 있는 포도 대부분이 칠레산이고 와인 역시 상당수가 진열대에 자리 잡고 있다.

산티아고 시내를 걷다 보면 한국 브랜드를 달고 달리는 차들을 보는 게 다반사다. 지구 반대편에 살지만 서로를 위해 가까이 접하고 살아 갈 수밖에 없는 것이 경제 논리고 삶도 그렇게 따라 가고 있는 것 같다.

천국의 계곡 '발파라이소(Valparaiso)'

칠레의 수도 산티아고에서 버스를 타고 발파라이소로 향했다. 차로 1시간 반 정도 떨어진 바닷가 도시로 500년 넘게 제1무역항 역할을 해오고 있기 때문에 서울과 인천 같은 도시다. 19세기 이민자들이 들어와 하나씩 채워 간 집들이 고스란히 보관되어 있어 도시 전체가 유네스코 세계유산으로 등록되었다. '발파라이소(Valparaiso)'는 스페인어로 '천국의 계곡(Valle de Paraiso)'의 줄임말이라고 한다. 40개가 넘는 계곡과 언덕에 우리나라 부산 감천동이나 통영 동피랑 마을같이 저마다 색깔을 입은 집들이 빽빽하게 들어서 천국의 계곡을 형성하고 있다. 바다가 훤히 보이는 산비탈 언덕에서 험한 바다로 일하러 간 지아비가 혹여 돌아오나 내다보며 한숨지었을 삶의 애환이 고스란히 남아 있는 곳이다.

쁘랏 부두와 소또마요 광장은 산티아고를 찾은 여행객들이 모두 이곳에 모인 것처럼 복잡하게 느껴진다. 그러나 도시 안쪽으로 들어 갈수록 지진의 흔적으로 복구되지 않은 건물들 사이로 빈집과 창고들이 있어 으스스한 느낌마저 든다. 중간에 허름해 보이는 선술집들에서는 고단한 뱃일을 마치고 돌아오는 길에 술에 취해 옛 영광과 향수를 그리워하는 이야기가 들릴 것 같다. 부두 가까이 음식점에서는 이 고장에서 나오는 해물 요리 집들이 즐비하다. 진한 조개탕처럼 '마리스깔 꾸리스토'와 생선 요리에 칠레산 화이트 와인을 마시고 걷다 보면 발파라이소가 조금 더 가까워지는 느낌이 든다. 마을 입구에 설치되어 있는 아센소르를 타고 언덕 마을로 올라 바다와 항구를 바라보면 그 속에 묻혀 살고 있는 사람들의 진한 맛을 느낄 수 있다. 산기슭 마을은 지난 세월을 이고 있는 듯 어슬하게 맞대고 서로를 위로하며 살고 있다.

태평양 해안길을 따라서

칠레의 국경도시 푸콘에서 산티아고까지 거의 1,000km 정도를 왔는데 다시 페루까지 차를 가지고 가야 한다. 차가 있어 편리한 점도 많지만 어떨 때는 부담스러울 때도 있다. 지도를 보고 경유할 큰 도시들을 선택해 방향을 정했다. 칠레의 수도 산티아고에서 페루 국경까지 이번에도 2천km는 족히 가야 한다.

| 산티아고
(SANTIAGO) | 476km | 라세레나
(LASERENA) | 405km | 칼데라
(Caldera) | 497km | 안토파가스타
(ANTOFAGASTA) | 717km | 아리카
(ARICA) |

북미의 알래스카에서 파나마 일부 구간을 제외하고 남미의 끝까지 팬아메리카 고속도로는 하나로 이어져 있다. 하나의 아메리카임을 상징하기도 한다. 하지만 국가별로 부여하는 도로 번호는 서로 달라 페루에서는 1번 도로지만 칠레에서는 5번 도로다. 고속도로라고 하면 우리나라

같이 자동차가 고속으로 달리는 전용도로라고 생각하지만 남미는 사정이 다르다. 잘 정비된 구간도 있지만 복잡한 도시를 통과하기도 하고, 도로 한가운데로 지나가는 양떼를 기다렸다가 가기도 해야 하는 정겨운 길이기도 하다. 칠레 국토는 남과 북의 길이가 세계에서 가장 긴 나라다.

산티아고에서 며칠간 여행과 휴식을 끝내고 다시 중앙아메리카로 가기 위해 페루의 수도 리마를 향해 출발했다. 우리는 태평양 연안을 따라 리마까지 이어지는 팬아메리카 5번 도로로 가기로 했다. 칠레 해안길은 바닷물이 찬 한류의 영향으로 대부분 사막이다. 남에서 북으로 가기 때문에 왼쪽으로는 태평양을 보면서 갈 수가 있다. 몇 천 킬로를 달리다 보면 처음에는 신기하기도 하지만 한참 지나서는 바다와 사막이 계속 나타났다가 사라지는 모습들이 그냥 무덤덤해진다.

휴양 도시 '라세레나(La Serena)'

해안가에 세워진 조각상, 라세레나 인근에 세계적인 구리광산이 있어 광부들의 애환이 담겨 있는 도시이기도 하다. 이곳에서 생산되는 구리를 재료로 만들어지는 문명의 도구가 바로 '전깃줄'이다.

'라세레나(La Serena)'는 '코킴보 주'의 주도이며 휴양도시다. 남북으로 길게 뻗은 칠레에서 동서의 길이가 가장 짧아 지도상으로는 허리와 같은 지역이다. 그만큼 안데스 산맥이 가깝다는 의미이기도 하다. 가까운 안데스의 맑은 물이 흐르는 엘키 계곡은 칠레에서 최초로 포도를 생산한 곳으로, 포도 재배 450년 이상의 역사를 가진 곳으로 유명하다.

포구 마을 '칼데라(Caldera)'

산티아고에서 출발해 어느덧 저녁이 되어 쉴 곳을 찾다 보니, 지도상에 '칼데라(Caldera)'라고 표시된 마을이 보였다. 칼데라는 백두산 천지나 한라산 백록담같이 화산 폭발로 정상이 움푹 파인 곳을 말한다. 이름만 보았을 때 화산 분화구가 있고 뜨거운 온천수가 있을 것 같은 기분이 들어 그곳에서 쉬어 가기로 했다. 날이 컴컴해져 일단 쉬고 다음날 아침 일찍 바닷가로 산책을 나갔다가 뜻밖에 고기잡이배들이 들어오는 조그만 포구를 발견했다. 우리나라 시골 어촌에서 보는 분위기 그대로다. 잡아온 생선을 정리하는 사람, 배를 청소하는 사람, 젊었을 때는 한 가닥 했을 노인들이 담배를 피우며 쪼그리고 앉아 잡담하고 있는 모습…. 남미에서는 거의 보지 못했던 모습들이 너무나 포근하게 다가왔다. 사막과 바다가 만나는 해안가, 조그만 언덕 마을에 저마다 사연이 있을 집들이 오순도순 내려앉아 있다. 그곳에서 같이 웃으며 떠드는 사람들 소리가 너무 듣기 좋다. 분화구에서 마그마가 넘치듯이 따뜻한 정감이 철철 넘쳐흐른다.

여행을 하면서 그 나라 언어나 문화를 잘 알면 좋겠지만 마음만 따뜻하면 너무 걱정하지 않아도 된다. 나이 든 어르신들과 어쭙잖은 언어를 써봐야 서로 잘 알아듣지도 못한다. 그러나 눈치와 제스처만큼은 살아온 연륜만큼이나 이해력이 빨라 금방 통한다. 그리고 그들에게는 자식들을 키워 봤기 때문에 누구나 따뜻한 마음을 가지고 있다. 전 세계 공용어가 보디랭귀지라면 눈치는 바로 이해력이고 따스한 마음이며 연륜이라는 생각이 든다.

'Retiree'가 가진 의미?

페루 입국신고서에 직업을 쓰는 칸이 있다. 퇴직하고 나서 여행 중이라 옛 직업을 쓰기도 그렇고 백수라고 쓰기에는 갑자기 단어도 생각이 나질 않을뿐더러 알량한 자존심이 있어 맞는지 모르지만 은퇴자라는 뜻으로 'Retiree'라고 썼다. 나중에 사전을 찾아봤더니 재미있는 예문이 나온다. "When a man falls into his anecdotage, it is a sign for him to retire." 사람이 자신의 옛이야기를 즐겨 하게 되면 그것은 그가 은퇴해야 한다는 증거라는 뜻이다. 영어 사전의 예문에도 아예 자리를 잡은 것을 보면 동서양을 불문하고 사람들의 행동과 정서는 비슷한 모양이다. 자신의 옛이야기 횟수가 많아질수록 은퇴가 가까워지고 있다는 것에는 공감이 가지만 그것을 인정하기에는 아직 너무 젊다.

페루의 칠레에 대한 앙금?

페루에서 여행을 시작한 지 거의 두 달 만에 볼리비아와 아르헨티나를 거쳐 칠레, 그리고 다시 페루로 돌아왔다. 각 나라의 대표 도시인 수도에서 유동 인구가 많은 지하철이나 시장에서 활동하고 있는 사람들을 보면 풍기는 느낌이라는 것이 있다. 겉으로 보이는 착시 현상일 수도 있지만 칠레는 백인 계열이, 페루는 얼굴과 몸통은 크고 다리가 상대적으로 짧은 사람들이 눈에 더 많이 들어온다. 칠레와 아르헨티나는 1800년대 후반 유럽에서 이주해서 정착한 사람들이 많아 그들이 정치와 경제의 주류를 이루고 있는 것으로 보인다. 반면에 페루와 볼리비아는 잉카에 뿌리를 둔 남아메리카의 원주민이라는 의식이 강해 보인다.

두 나라 간의 앙금은 1800년대 후반 남미의 태평양 전쟁을 통해서 확연해진다. 당시 볼리비아 영토였던 '안토파가스타(Antofagasta)' 지역에서 초석 채굴 때문에 칠레와 볼리비아 사이에 분쟁이 발생했다. 결국 볼리비아의 형제 국가인 페루도 함께 참전한 연합군과 칠레 사이의 전쟁에서 칠레가 크게 이겼다. 그로 인해 페루의 영토인 '타라파가' 주를, 볼리비아는 '안토파가스타' 주를 칠레에게 넘겨주게 되었다. 볼리비아는 이 전쟁으로 태평양으로 가는 길목이 막혀 바다가 없는 내륙국가로 전락해 버렸다. 반면에 칠레는 원래 있었던 국토의 1/3 이상을 새로 얻어 칠레 초석과 구리 등 풍부한 광물 자원을 확보해 번영의 발판을 마련했다.

페루에 거주하고 있는 교민의 말에 의하면 페루 사람들의 정서에는 볼리비아는 서로 같은 잉카의 후손이며 형제 국가이고, 칠레와는 전쟁 앙금이 남아 있어 감정적으로는 썩 좋아하는 사이가 아니라고 귀띔한다.

 **다시, 페루**

아내는 집으로

리마에 도착했다. 같이 남미 여행을 시작한 지 벌써 두 달이 흘렀다. 페루에서 출발해 볼리비아, 아르헨티나, 칠레를 거쳐 다시 페루 리마에 도착하면 아내는 혼자서 집으로 돌아가기로 했었다. 예전부터 아내가 가지고 있던 버킷리스트 중에 마추픽추와 우유니 사막, 이과수 폭포, 부에노스 아이레스와 산티아고를 꼭 가보고 싶다는 꿈을 이번에 이루었다. 나는 원래 계획했던 대로 세계 일주를 계속하고 아내는 조금 있으면 설날이라 집으로 돌아가 나이 드신 장모님과 가족들도 챙겨 보기로 했다. 그리고 집에서 일상적으로 해야 하는 공과금 같은 일들도 정리하고 쉬다가 미국에서 다시 만나 여행을 계속할 계획이다.

집으로 가기 전날 밤, 송별식으로 아내가 좋아하는 스테이크 하우스에 갔다. 와인을 마시며 분위기가 좋았다. 삶이란 결국은 부부 둘이서 마지막까지 같이 살아가는 것이다. 아내는 두 달 동안 여행하면서 크게 느낀 것이 있다고 했다. 이제껏 살면서 너무 많은 것을 자신의 입장에서 움켜쥐려고만 했었는데 앞으로는 그런 마음들을 하나씩 풀어 가려고 한단다. 여행은 사람의 마음을 편안하게 변화시키는 것 같다. 일상의 틀에서 벗어나 다른 시각으로 보기 때문인 것 같다.

리마 공항에서 배웅하면서 검색대로 들어가기 전, 남들처럼 포옹을 했다. 내내 씩씩하던 아내가 순간 와락 눈물을 흘렸다. 나 역시 가슴에서 올라오는 뭔가를 참았다. 부부란 시간이 가면서 무더운 여름에도 녹지 않는 만년설 같은 정이 쌓이는가 보다. 몇 달 있으면 다시 보겠지만 괜히 허전하고 아쉽다. 아내가 유리문 사이로 사라진 뒤에도 바로 다시 나올 것 같아 한참을 서 있었다.

세상에 혼자 남아 있는 느낌이 들었다. 작년 11월 세계 일주를 출발하면서 헤어질 때는 조만간 아내가 합류할 예정이라 서운한 감정이 별로 없었지만 오늘은 느낌이 달랐다. 집에 돌아가면 남편 없다고 대충 먹지 말고 식사 잘 챙겨 먹고, 생활비 아낀다고 너무 지질하게 보내지 말고 친구들과도 자주 어울리라고 말했다. 서로를 위하여 건강 잘 챙기자고 약속을 했다. 조금 있으면 아내의 잔소리가 그리워질 것 같다. 핸드폰 잘 챙겨라, 주머니 지퍼 채워라, 주름 생기니까 선크림 발라라.

고독해 보고 싶었다

아내가 집으로 돌아간 뒤 2~3일은 아무것도 하고 싶지 않았다. 그냥 쉬고 싶었다. 이미 시위를 떠나 버린 화살처럼 그냥 가고 있었다. 인간의 삶이란 주제도 어디론가 사라져버렸다. 무엇을 찾기보다는 지나가다가 어쩌다 눈에 띄면 마지못해 사진 몇 장을 찍고 또 그냥 가고 있었다. 놓쳐 버리고 가는 것들이 너무 많다.

선택이란 순간인 것 같다. 마치 음식점에서 메뉴판을 보고 주문이 끝난 다음, 마음이 바뀌면 이제부터는 부탁을 해야 하고 그것도 늦으면 그냥 감수해야 한다. 세상을 살다 보면 마음은 바뀐다. 그것도 나이가 들수록 수시로 바뀐다는 생각이 든다. 생각이 많아져서인가 아니면 자신감이 없어서일까? 이미 지나가 버린 것들을 돌이킬 수 없다는 것을 알기 때문에 인생은 주저하면서 세월이 흘러가는 것 같다. 마치 주문이 끝난 음식점 메뉴처럼 말이다.

고독해 보고 싶었다. 그러나 다음에 엄습해 오는 것은 뭔지 모르는 두려움이 어느새 자리를 잡고 앉아 있다. 그래서 사람들은 오히려 고독을 피하려고 이리저리 기웃거리고 있는 것인지도 모른다.

얼마 전 딸아이와 주고받은 대화다.

딸 : 갑자기 우울하고 고독할 때가 있어, 꿈도 의욕도 없어져 버리고…. 아버지는 하고 싶은 게 끊임없이 많고 그리고 그걸 위해서 열심히 달리고 노력한다고 했지?
아빠 : 아니야 나태해질까 봐, 그리고 내 존재감을 느끼려고 계속 도전하는 거야.
아빠 : 삶이란 정답은 없어 보인다. 그저 열심히 살아 보는 게 모범답안이라고 생각한다.
아빠 : 살다 보면 무지하게 답답하고 고독할 때도 많지?
딸 : 삶 자체가 너무 고독해.
아빠 : 아버지도 그럴 때가 많아, 산다는 게 다 그런 거여.
딸 : 그게 죽을 때까지 그러겠지?
아빠 : 아마 그렇겠지.
딸 : 그런 것이 너무 고독하게 만들어.
아빠 : 그렇게 사는 것이 인생이여, 그러면서 30년씩 직장 생활도 하고. 나이를 먹고.
딸 : 고독이 습관이 되지 않아서 방황하게 만드는 것일까?
아빠 : 고독이란 것은 항상 뒷주머니에 가지고 사는 것이여! 바쁠 때는 있는지도 모르다가 한가해지면 서서히 존재감을 느끼게 되고.
딸 : 고독이란 평생을 앓아야 하는 열병인 거 같아.
아빠 : 그것이 인생이고 삶이지, 고은 선생 말대로 "천년 욕망이 꺼져야 고독"이라고 하지 않던가? 결국 떼어낼 수 없다는 거겠지?
딸 : 내일 모래 60인 아빠도 고독한 거지?
아빠 : 그라지, 누구나 다 가지고 사는 것이지.
딸 : 당하면 외로운 거고 즐기면 고독이라고 하던데 까짓거 즐겨 봐야겠다. 고독도.
아빠 : 그 고독이라는 것을 혼자만 가지고 있다고 너무 고독해하지 마소.

젊거나 나이를 먹어도 사람들은 누구나 다 고독이란 병을 가지고 사는 것 같다. 마치 어린아이가 이 세상에 태어나자마자 우는 이유가 앞으로 살아가면서 짊어져야 할 무거운 짐들에 대한 걱정과 자신의 외로움 때문이라고 하듯이 말이다. 그것이 인간으로 살아가는 삶이니 고독을 혼자만 가지고 있다고 너무 고민할 필요가 없는 것 같다.

고독이란 한편으로 하늘이 인간에게 준 선물일 수도 있다는 생각이 든다. 고독이라는 열병을 앓으면서, 사람들은 생각이 더 깊어지며 성숙해지고, 고독하지 않으려고 결혼을 하고 친구를 만들기도 하고, 누구나 가지고 있으니 시인들이 먹고 살기도 하니 말이다. 아무리 좋은 명약도 부작용이 있듯이 어쩌다 고독이라는 슬럼프에 빠지고 심하면 우울증에 빠져 힘들어 할 수도 있다. 가장 가까이 있는 사람이 옆에서 도와주면 쉬울 수도 있겠지만 결국은 누구나 가지고 있는 자신의 의지라는 사다리를 사용한다면 시간의 문제일 뿐 벗어나기가 꼭 어려운 것만도 아닌 듯하다.

그리고 고독이란 병은 감기와 같아서 몸에 피곤이 누적되면서 의욕이 떨어졌거나, 준비가 되지 않은 상태에서 갑자기 마음에 찬 바람이 불어 닥쳐왔을 때, 깊이 의지하고 믿었던 것이 사라졌거나, 자신의 꿈과 목표를 잃어버리고 방황할 때, 주위의 관심과 시선에서 자신이 멀어지고 있음을 느낄 때 쉽게 걸리는 것 같다.

그럴 때일수록 공연히 오지도 않을 전화를, 이미 떠나버린 열차를 생각하며 아쉬워하기보다는 며칠간 푹 쉬면서 다시금 자신을 돌이켜 보고 생각과 방향을 정리해 볼 필요가 있다. 그리고 나서 목적지를 향해 길을 나서는 나그네처럼 아침 일찍 일어나 신발 끈을 조이고 묵묵히 자신의 길을 가는 것이 삶이고 인생이라는 생각이 든다. 내가 좋아하는 정호승의 '수선화에게'를 읽으며 위안 삼고, 가는 길에 또 다른 동행자를 만나고, 자신의 의지와 목표를 새롭게 일깨워 주는 여행을 하고 싶다. 나의 삶과 인생도 그렇게 다듬어 가면서 말이다.

리마에서의 휴식

마을버스가 힘들어 했다. 페루에서 시작해 남미 4개국을 다닌 거리를 따져 봤더니 12,000km 정도 되었다. 서울 종로에서만 근 10년을 하루도 빠짐없이 골목길을 다니면서 사람들을 태우고 다녔을 마을버스가 갑자기 해발 4,000m가 넘는 안데스 산맥과, 사막을 달렸으니 탈이 날 만도 했다. 볼리비아와 아르헨티나를 거쳐 칠레 산티아고까지는 큰 문제가 없었다. 그 이후부터는 나이 먹고 허약해진 사람처럼 조금만 무리했다 싶으면 힘이 빠지기 시작했다. 여행 일정은 사람의 의지와 달리 자동차 정비 일정에 맞춰야 할 때도 있었다.

살다가 갑자기 어떤 일이 생기면 마치 넘을 수 없는 장벽이 생겨 숨이 막힐 것처럼 걱정을 하지만 지나고 보면 작은 언덕에 불과했든지 아니면 옆으로 돌아가는 길이 있기 마련이었다. 차가 고장이 자주 난다고 했더니 자칫 여행이 중단이 될까 봐 친구들이 안타까워하고 걱정을 많이 해주었다. 그러나 은퇴한 마을버스로 세계 일주를 한다고 마음먹었을 때부터 힘들 것이란 걸 이미 예상하고 시작했다. 사람이 살면서 아프기도 하듯이 여행의 한 과정이라고 받아들였더니 마음이 편했다.

리마에서 대대적인 자동차 정비를 하는 동안 시간적 여유를 가지고 쉬어 가기로 했다. 누가 시킨 것도 아니고 스스로 원해서 시작한 여행이다. 출발한 지 석 달이 되자 피로감이 밀려들어 왔다. 꼭 이렇게 여행을 해야 하나? 지금 방식이 맞는 것인가? 1년 계획이라 앞으로 9개월 동안 계속할 생각을 하니 갑갑했다. 쉬면서 실컷 잠도 자고 초심으로 돌아가 생각을 해봤더니 다시 의욕이 생겼다. 세계 일주는 오래 전부터 준비한 꿈을 지금 실현하고 있는 과정이다. 잠시 동안의 피로감으로 흔들려서는 안 되겠다고 마음을 다잡았다. 짜증이나 무기력감은 피곤에서 오는

것 같다. 사람들은 뭔가를 해보려는 본능을 가지고 있다가 원하는 대로 되지 않으면 정신과 육체적 피로감으로 점차 의욕을 잃어버린다. 세상 모든 일이 어디 자기 마음대로만 되는 것이던가? 쉰다는 것은 소진된 에너지를 충전하고 목표에서 틀어져 가는 방향을 바로잡아 주기 위해서도 꼭 필요한 것 같다.

우리 베이비부머들은 직장생활 내내 경쟁에서 밀릴까 봐 쉬는 것 자체를 꺼려 해왔다. 1년에 5일간 주어지는 휴가도 회사와 가족들 눈치 보며 주말을 끼어서 2~3일 정도 쓰고 나머지는 반납하기 일쑤였다. 연월차 휴가는 쓴다는 생각 자체를 멀리하고 살아왔다. 지나고 보면 모두 부질없는 일이었지만 당시에는 분위기 자체가 그랬었다. 여행지에서 만난 외국인들처럼 우리나라도 1년 중에서 한 달은 휴가를 다녀올 수 있는 문화가 정착이 되었으면 좋겠다. 젊었을 때부터 쉬어 가는 것이 당연한 것으로 받아들이는 사회적 분위기가 만들어질 때가 된 것 같다. 직장인들은 자신을 되돌아보고 가족들과 함께 어울리는 시간도 없이 항상 무엇인가에 쫓기면서 산다. 찌든 삶만 살다, 은퇴하고 노년이 되어 자신의 정체성을 잃고 방황하게 되어 버리면 더 큰일이다. 쉬는 것에 부담을 가지지 말자. 쉼은 자신의 미래를 위한 투자이다.

리마에 있는 정비센터에 갈 때만 해도 잘 돼 있을까? 하고 미심쩍었다. 도착하자마자 시동을 걸어 보는데 엔진 소리가 시냇물 흐르듯이 가벼우면서도 부드러웠다. 정비팀들과 감사의 악수와 포옹을 하고 바로 출발했다. 오랜만에 다시 판아메리카 도로를 따라 리마의 북쪽을 향해 달리기 시작했다. 새로 여행을 시작하는 것처럼 마음이 설렌다. 여행이란 지나가 버린 것이 아쉬워 남겨진 미련과 새로운 것에 대한 막연한 기대감과 두려움이 교차하는 것 같다.

시멘트 가루를 뒤집어쓴 것 같은 리마가 나중에는 그리울 것이다. 안데스 산맥이 나라의 중심을 흐르고 정글과 산악, 긴 해안을 모두 갖추고 있어 성장 잠재력이 많은 나라다. 아랫배가 불룩 튀어 나오면 페루아노라고 스스로 얘기하면서 천진난만하게 웃는다. 무엇보다도 순수하고 따뜻한 영혼을 가지고 있는 사람들이다.

만코라(Mancora)에서 본 북두칠성

판아메리카 도로를 따라 에콰도르로 가다가 어두워질 무렵 '만코라(Mancora)'라는 마을을 지나가는데 관광객들이 천지다. 바로 옆이 바다이면서 외국인들도 많이 보였다. 여기는 또 어떤 마을일까? 라는 호기심이 앞서서 하룻밤 자고 가기로 했다. 윈드서핑 장비들과 섬 투어 상품을 파는 가게들이 많은 것으로 보아 서핑을 즐기는 여행지라는 생각이 들었다.

가볍게 저녁식사를 하고 밤에 바닷가로 나가 봤다. 해변가 모래사장에서 맥주와 칵테일을 파는 모습은 여느 여행지와 별반 차이가 없었다. 파도 소리가 거친 숨소리를 내면서 들고 내쉬기를 반복하고, 하늘에는 별이 쏟아지고 있었다. 밤에 하늘을 보면 무의식적으로 마치 국자 모양 같은 7개의 별, 북두칠성을 찾게 된다. 원래 '북두'는 북쪽의 국자라는 뜻이고 칠성은 일곱 개의 별로 이루어졌다는 말이다. 제일 알기 쉬운 별자리이다. 국자 끝에 있는 별 두 개를 연결한 거리의 5배가 떨어진 곳에 북극성이 있다. 밤에 길을 잃었을 때 북극성을 찾아 방향을 잡으라고 배웠다. 만코라(Mancora) 해변 끝에 눈에 익은 북두칠성이 보였다. 그런데 끝 부분을 연결한 5배 거리에 있는 북극성은 바다 속에 있어 보이질 않았다. 여긴 남반구다. 그리고 적도가 가까워지고 있다. 우리가 살고 있는 북반구 그리고 대한민국은 바다 밑에 있다. 남반구의 밤도 이제 멀지 않았다. 적도의 나라 에콰도르가 가까워지고 있다.

에콰도르

은퇴자들이 노후를 보내기 좋다고 선호한 나라 1위가 에콰도르라고 한다. 미국의 한 은퇴 관련 전문매체에서 전 세계를 대상으로 조사해 2015년도에 발표한 자료다. 그중에 대표적인 도시를 꼽으라면 단연 '쿠엔카'라는 생각이 든다. 해발 2,500m에 위치해 있어 모기 같은 해충도 없고 맑은 물과 나무가 많아 쾌적하다. 주변에 안데스 산맥으로 이어져 있어 흔히 말하는 산 좋고 물 맑으며, 날씨도 좋고, 물가까지 저렴하니 그럴 만도 하다. 르네상스식 건물들이 자리 잡고 있어 마치 유럽의 여느 도시들 같다.

벽화를 그리며 여행하는 '레안도르와 빠토'

큰 도시에 들어가면 주차할 공간도 여의치 않아 약간 외곽 쪽에서 저렴한 게스트하우스를 구해 주차와 샤워 같은 문제를 해결했다. 시내는 시간적 여유를 가지고 천천히 걸어 다니며 돌아보는 것이 편했다. 점심을 먹으러 나서는데 같은 숙소에 머물고 있는 '레안도르와 빠토'도 나가는 중이었다. 어젯밤에 간단한 인사를 나눴기 때문에 혹시 점심 같이 하면 어떠냐고 묻자 흔쾌히 좋다고 했다. 대성당 주변에 저렴하고 다양한 현지 음식을 파는 시장에 가기로 했다. 1층에는 야채와 과일들을 팔고 2층에는 식탁과 의자를 놓고 음식점 코너 별로 바비큐나, 생선, 닭고기같이 다양한 음식들을 파는 곳이었다. 식사를 하면서 자연스럽게 서로의 이야기를 나눴다. 이 젊은 커플은 아르헨티나 부에노스아이레스가 집이라고 했다. 어렸을 때부터 그림 그리기를 좋아했었는데 5년 전부터 직업으로 벽화를 그리면서 서로 만나게 되었다고 한다. 이곳저곳 일을 따라 움직이다 작년부터는 아예 본격적으로 벽화 여행을 시작했다고 한다. 게스트하우스에 머물면서 여행을 하고 벽에 그림을 그리는 일거리를 찾으면 며칠씩 일하다가 어느 정도 머물렀다 싶으면 또 다른 도시로 떠나기를 반복하면서 중남미 여행을 하고 있었다.

중남미는 볼 것도 많고 일거리도 많아 일석이조인 여행지라 관광객들이 많이 찾는 곳이다. 중남미 여행이 끝나려면 앞으로 2년 아니면 5년이 걸릴지 모르지만 같이 다니며 일도 하고 먹고 자기 때문에 재미도 있다고 한

다. 대답하지 않아도 된다면서 나이를 묻자, 둘 다 올해 서른 살이라고 한다. 그들에게 아이들은 언제 낳고 키우며, 노후와 집장만을 위해 저축은 하고 있느냐는 질문이 생각이 났지만 그것은 우리의 기준이다. 벽화를 그리는 직업도 재미있겠다는 생각이 들었다. 그려진 그림이 어디 갇혀 있지 않고 지나가는 모든 사람들이 볼 수가 있으니 더 보람 있어 보였다. 여행을 하면서 자신들의 삶을 만들어 가고, 서로가 좋아서 그리고 즐기고 있다면 그것으로 행복한 삶이라는 생각이 들었다.

몸과 마음이 편한 '바뇨스(Banos)'

쿠엔카에서 수도 키토로 가는 중간에 온천이라는 뜻의 이름을 가진 도시 '바뇨스(Banos)'가 있다. 주위의 높은 산들로 포근하게 둘러싸인 모습이 마치 우리나라 수안보에 온 느낌이 들었다. 쿠엔카가 옛 건물들이 잘 보존되어 있는 문화의 도시라고 하면, 바뇨스는 자연 경관들이 잘 어우러진 휴양과 엑티비티의 도시다. 시내에 들어서면 젊은 배낭 여

행객들이 대부분이다. 적도가 가까워 사탕수수 즙을 내어 주거나 껍질째 파는 곳이 유난히 많이 보이고, 중심 마켓에 들어서면 전체가 개방된 음식점에서 현지식과 주스를 부담 없이 먹을 수 있다. 바뇨스는 온천과 더불어 화산활동으로 생긴 폭포와 계곡을 이용해 레포츠와 트레킹을 즐길 수 있다. 아마존 정글 여행의 시작점이기도 하다. 수요와 공급의 법칙에 따라 아직은 여행자들보다 숙박시설이 많아 타 도시에 비해 가격이 무척 착한 편이다. 자연환경은 가슴을 뜨겁게 하지만 여행자들의 주머니 사정을 생각하면 한결 마음 편한 곳이다.

2013년 위키트리에 죽기 전 가봐야 할 '초현실적인 관광지 22곳'이 보도되었는데, 그중 이곳 낭떠러지 위에서 타는 '세상의 끝 그네'가 2번째로 올라 있다. 오늘따라 안개가 자욱해 아쉽지만 한편으로는 구름 속 천상으로 갔다가 다시 돌아온다고 상상해 보면 또 다른 맛이다. 모든 것은 내 마음먹기 나름이니까!

바뇨스에 몇 년 전 화산재를 분출한 적이 있는 퉁구라와(Tungurahua)가 있다. 도착한 다음날 화산을 볼 수 있다는 생각에 가슴 부풀어 나섰지만 욕심일 뿐 구름에 가려 정상을 볼 수가 없었다. 높이가 5천 미터가 넘는데다가 지형상 폭포도 많고 습기가 많아 안개 때문에 더 볼 수가 없다고 한다. 아쉬움을 달래려고 가까운 'Isla del Pailon 폭포'를 다녀오는 도중에 갑자기 하늘이 맑아지기 시작했다. 그 지역을 제일 잘

아는 현지 택시를 잡아, 급하게 퉁구라와를 볼 수 있는 곳으로 가자고 했다. 꼬불꼬불 산길을 한참을 달려가다가 중간에 차를 세웠다. 놀랍게도 정상이 보였다. 금방이라도 구름이 다시 가려 버릴 것만 같았다. 퉁구라와는 잠깐 동안, 정말 잠깐 동안만 정상을 보여 주고는 구름 속으로 사라져 버렸다. 혹시나 하고 한동안 그 자리에 앉아 있었지만 구름은 계속 퉁구라와를 감싸 안고 다시 내주지 않았다. 택시 기사 호세가 악수를 청했다. 자기도 이곳에 살면서도 자주 못 본다며 나보고 운이 좋은 사람이라고 했다. 그렇게 잠깐 본 정상이지만 한동안 눈만 감으면 퉁구라와가 떠올랐다. 아주 오랫동안 본 것처럼!

'세상의 끝' 그네, 바뇨스, 에콰도르

에콰도르의 전통음식 '파네스카(Fanesca)'

전통음식 '파네스카(Fanesca)'

하루 종일 적도의 비가 내렸다. 우의를 가지고 다녀서 다행이었지만 신발은 아침부터 물이 들어가 흥건했다. 구시가지에 들어서는 순간 장엄함과 화려함에 깜짝 놀랐다. 키토가 남미의 여느 나라보다 덜 알려져 있을 뿐 그냥 지나칠 도시가 아니었다. 꼼빠니아 성당, 천사 동상이 있는 빠네세요 언덕, 산 프란시스코 수도원, 바실리카 성당으로 이어지는 구도심은 문화재들의 전시장 같았다. 특히 꼼빠니아 성당의 내부는 규모가 엄청날 뿐만 아니라 세밀한 조각 예술품들에 금박을 입혀 화려함 역시 극치였다. 현란한 장식과 대형 벽화들에 빠져 있는 동안 은은하게 들려오는 가스펠 송, 내가 마치 중세에 와 있는 기분이었다.

외국인이 내게, 한국의 대표적인 전통음식이 뭐냐고 갑자기 물으면 당황할 것 같다. 김치와 불고기, 비빔밥과 된장찌개…. 사실 그런 음식들은 한국 사람들이 자주 그리고 즐겨 먹는 음식이지 대표음식이라고 단정 짓기에는 조금 자신이 없다. 그러나 에콰도르 사람들에게 물어보면 대부분 '파네스카(Fanesca)'라고 대답했다. 우리와는 달리 특정 음식을 자신들의 대표 음식이라고 모두가 인정하고 있다는 생각이 들었다. 우선 '파네스카'란 콩과 같은 종류의 12가지 재료를 넣고 걸쭉하게 끓인 죽 종류라고 생각하면 이해가 쉬울 것 같다.

전통음식이라고 해서 깊은 산속에 있는 것이 아니고 그들의 파네스카는 사람들이 많은 곳에서는 어렵지 않게 맛 볼 수 있었다. 처음 먹어 보는 이방인에게는 염장 생선 맛이 짜게 느껴지지만 12가지 콩류를 세면서 각각이 다른 담백한 맛을 느껴보는 재미도 있다. 에콰도르 사람들은 감기 기운이 있을 때 전통주 푼타스 한 잔과 파네스카를 먹고 하룻밤 푹 자고 나면 거뜬해진다고 한다. 그들의 체질과 환경에 맞게 선조들의 지혜로 만든 12가지 종합 선물세트를 보양식으로 먹었으니 감기인들 그 자리에 머물 수가 있겠는가?

세계의 중심 적도 기념탑(Mitad del Mund)

키토에서 북쪽으로 20km 거리에 남반구와 북반구를 구분하는 적도가 있다. 가는 도로 이정표 마다 'Mitad del Mundo(세계의 중심)'라고 표시되어 있다. 적도(赤道, equator)란, 지구 자전축을 기준으로 남반구와 북반구에서 각각 90도를 이루는 점들의 연장선이다. 천문학에서 지구의 중앙을 지나는 선을 붉은색으로 표시한 데서 붙여진 이름이라고 한다. 적도를 따라 지구를 한 바퀴 돈다고 가정하면 40,075km다. 우리가 살고 있는 지구는 남북의 길이보다 적도인 동서의 길이가 조금 더 길어서 좌표로 표시하면 세로축인 경도는 1도당 약 111km고 가로축인 위도는 1도당 약 110km다. 서울이 북위 37.5도 정도 되니까 적도로부터 4,130km 정도 북쪽에 있는 셈이다. 우리나라에서는 한낮에 해가 남쪽으로 약간 기울어져서 지나가지만 적도의 춘분과 추분은 바로 머리 위 한가운데를 지나간다. 일 년 내내 낮과 밤의 길이가 거의 비슷하고 사계절이 없다. 적도 기념탑 아래에 "EQUADOR 0°. 0′. 0″ LAY"라고 표시되어 있다. 지구의 중심을 지나가는 선, 적도다. 남미를 돌아 북쪽으로 가고 있으니까 이제부터는 북반구다. 집에 갈 때까지 최소한 밤에는 가족들과 같은 별들을 볼 수 있을 것 같다.

오타발로(Otavalo)에서 만난 '아마도'

저녁에 오타발로 가는 도중에 신호에 멈춰 서있는데 빵빵거리며 아는 체하는 사람이 있었다. 어두움 속에서 안녕하세요? 라고 서로 말을 건넸지만 한국말을 배운 사람이 현장 실습을 했거니 했다. 잠시 앞서 가더니 오른쪽 깜빡이를 켜면서 속도를 낮췄다. 내려서 인사를 나눴는데 오타발로에 살고 있는 에콰도르인 '아마도' 부부였다. 아마도? 영어로 메이비(maybe, 아마)라며 웃자 에콰도르 이름인데 영어로 메이비의 뜻과 같다며 웃었다. 스페인에 갔던 아들을 배웅하러 공항에 갔다가 돌아오는 길에 한국 마을버스를 보고 무척 반가웠단다. 5년 전부터 경남 진주에서 안데스와 잉카음악을 연주하고 있는데, 날씨가 추운 4개월 동안은 이곳 고향에 와서 지내다 봄에 다시 한국으로 간다고 한다. 저녁에 묵을 숙소를 알아봐 주길 부탁했더니 일단은 자신의 집에 가서 차 한잔하는 동안 알아봐 주겠다고 했다. 그리고 생각하지도 않았던 소고기 볶음과 쌀밥으로 저녁 식사를 내놨다. 그리고 편하게 자기 집에서 자라고 아예 아들 방을 비워 주는 통에 지구 반대편에서 뜻하지 않게 신세를 지게 되었다.

오타발로의 전통시장

오타발로는 토요일에 원주민들의 노천시장이 열리는 곳으로 유명하다고 한다. 아침 7시쯤 산책 겸 시장 구경을 갔는데 언제부터 왔는지 벌써부터 사람들로 가득하다. 장터에 가서 무엇을 사기보다는 김이 모락모락 나는 뜨끈한 뚝배기 국밥에다가 깍두기 국물을 조금 부어서 휘휘 저은 다음 소주 몇 잔 걸치면 세상 부러울 것이 없다는 생각이 먼저 앞선다. 모르는 곳에 가서 음식점을 고르려면 사람들이 가장 많은 집이 그 지역 맛집이다. 여행 중에 현지 사람들이 많은 난전에서 그들이 먹는 음식을 먹어 보는 것도 또 하나의 즐거움이다. 그런데 여기는 식당이라기보다는 장이 끝나고 나면 치워지는 간이 포장마차 같은 모습이다. 주변에 큰 호수가 있어서 그런지 붕어보다 넓적하고 크게 생긴 띠라피아(Tilapia)라는 생선을 튀겨서 파는 집에 사람들이 많았다. 큰 접시에는 기름에 튀긴 생선 한 마리와 삶은 고구마와 비슷한 유카, 쌀밥, 양파 샐러드가 있었다. 옥수수차인 치차 모라다까지 더하여 3.5달러를 받았다. 맛도 마음만큼이나 편안하고 포근했다.

아마도의 말에 의하면 오타발로가 에콰도르 원주민인 인디헤나들의 전통이 가장 많이 남아 있는 곳이라고 한다. 남자들은 대부분 위아래로 하얀색 옷을 입은 다음 그 위에 망토를 걸치고, 중절모를 쓰고 있었다. 기본 복장인 듯했다. 여자들은 흰색 블라우스에 위에서 아래까지 내려오는 검은색 계열의 옷을 입었는데 곳곳에 수를 놓아 굉장히 화려하다. 키는 작은 편이고 남녀 모두 머리를 길게 길러 늘어뜨리거나 땋고 다닌다. 아마도의 권유로 가족들과 함께 가까운 '엘 레체로' 언덕을 올랐다. 마침 토요일 점심때라 고등학생 정도로 보이는 여학생들이 전통춤을 추고 있었고 종교단체에서 아이들에게 점심을 나누어 주고 있었다.

아마도는 이번 4월 초에 다시 한국으로 간다고 한다. 우리나라 어디선가 인디언 복장을 하고 안데스 음악을 연주하고 있을 그의 모습을 상상해 본다. 아마도와 그의 가족들이 대한민국 사람들은 인정이 많고 따뜻하며, 외국인들을 차별하지도 않고, 열심히 일한 만큼 공정한 대우를 하는 나라로 기억되기를 바란다.

에콰도르는 위험한 나라?

페루 툼베스에서 육로로 국경을 넘어 에콰도르에 왔다. 도로 관리 상태나 전반적인 분위기를 봤을 때 페루보다는 에콰도르가 경제사정이 훨씬 좋아 보였다. 도로를 달리는 차들 역시 대부분 상태가 좋고 길가에 쓰레기도 거의 볼 수 없이 깨끗하다. 소득 1만 달러가 넘으면 건강을 위하여 달리기를 한다는데 아침 일찍 조깅하는 사람들이 많이 보인다. 무엇보다도 집집마다 철창으로 된 이중 방범 장치가 별로 보이지 않는다. 남미 국가 중에서 칠레와 에콰도르가 경제사정과 국민 수준에서 다른 나라들보다 훨씬 앞서 있다는 것을 느낄 수 있었다. 아침에는 출근과 학교 가느라고 부산하게 움직이고 한낮에는 모두가 편안하게 시내를 돌아다닌다. 어느 나라나 여행 중에 잘 모르는 지역에서 밤늦게 다니는 것은 위험하다. 그러나 곳곳에 경찰들의 방범 활동이 활발하고 눈이 풀려 길거리에서 어슬렁거리는 사람을 본 기억이 없다. 저녁에 음식점과 바에서는 평온하게 술을 마시며 이야기를 나누거나 축구 중계를 보면서 열광하는 젊은이들 모습이 눈에 들어온다. 현지인 말에 의하면 어쩌다 범죄가 발생하지만 다른 선진국이나 마찬가지 수준이고 에콰도르는 안전한 나라라고 한다. 사람들은 활기차며 거리는 깨끗하다. 에콰도르에 가면 큰일 나는 줄 알고 있는 우리나라 몇몇 사람들의 생각과 달리 몇 개의 도시와 마을을 거쳐 오는 동안 분위기는 평온했다.

콜롬비아

보고타(Bogota)

콜롬비아 사람에게 '커피와 미인이 많은 나라' 사람이냐고 물어보면 금세 얼굴이 환하게 밝아지면서 '아미고(Amigo, 친구)'라며 반긴다. 자신의 나라에 대한 칭찬을 하는데 싫어할 사람이 어디 있겠는가마는, '커피'와 '미인'이 그들이 내세우는 자존심이기 때문이기도 하다. 지도상 남아메리카 대륙의 맨 위 북서쪽에 있으면서 여러 인종과 문화가 섞여 하나의 나라를 이루었으니 생물학적으로도 미인이 나올 수 있는 지리적 여건을 갖추고 있는지도 모르겠다. 그리고 적도의 햇볕과 안데스 산맥으로 이루어진 자연 환경에 세계 최고의 커피를 만들고자 하는 노력의 결실일 것이다.

 계절상 우기라 그런지 오전에는 괜찮다가 오후 4시가 넘어가면 날씨가 갑자기 흐리고 쌀쌀해져 적도에 가깝지만 긴 옷과 점퍼를 입고 다닌다. 고산지역임에도 넓고 비옥한 평지를 가진 분지라 이곳 보고타가 콜롬비아의 수도가 된 이유이기도 하다. 남미 그중에서도 적도에 가까운 도시는 대부분 더위 때문에 고산지역에 있다. 그리고 산에 있기 때문에 물이 흐르는 계곡을 중심으로 도로가 나있고 집들은 경사면을 따라 들어서 있다. 그중에 중심가에서 가까이 우뚝 솟은 봉우리에 전망대가 있고 큰 성당이 있다. 에콰도르의 수도 키토나 콜롬비아의 보고타 모두 마찬가지다.

 얼마 전 우리나라 TV 광고 중에 '수프리모' 커피를 대대적으로 홍보하는 화면을 본 적이 있다. 콜롬비아에서 생산하는 수출용 최고급 등급의 커피 이름이다. 커피는 1년 내내 고온과 습기를 좋아해서 적도를 중심으로 남북으로 각 23.5도 범위 내에서 주로 생산된다. 대표 품종으로 고산지역에서 재배되는 '아라비카'와 평지에서도 잘 자라며 인스턴트 커피로 많이 사용되는 '로부스타'가 있다. 콜롬비아는 브라질과 베트남에 이어 세계에서 3번째로 커피를 많이 생산하는 국가이다. 주로 안데스 산맥에서 생산되고 국가 정책으로 모두 고급커피인 아라비카 품종만을 재배하고 있다. 콜롬비아에서 생산되는 커피는 커피콩의 크기에 따라 수프리모 (Supremo), 에쿠레루소, 곤스모 등이 있는데 스푸리모 (Supremo)는 가장 크고 품질이 좋은 것을 말한다.

보고타의 구도심 볼리바르 광장에 있는 관광정보 센터에 가서 콜롬비아 커피 맛을 보고 싶다며 커피전문점을 소개해 달라고 했다. 지도에다가 위치를 표시해 주어 어렵지 않게 찾아 간 곳의 이름은 "후안 발데스 카페 (Juan Valdes Cafe)"였다. 우리나라 시내에 있는 유명한 커피숍과 달리 평범한 듯 편안해 보이는 분위기에 사람들이 꽤 많아 보였다. 에스프레소를 주문했더니 가격이 우리 돈으로 1,300원 정도다. 보고타에서 가장 유명하다는 커피 전문점의 가격이다. 수출입 절차와 유통 과정 같은 여러 가지 이유야 있겠지만 우리나라는 너무 비싼 것 같다는 생각이 든다. 아는 만큼 더 다양하고 오묘한 깊은 맛을 느낄 수 있다고 하지만 커피 전문가가 아니라도 깊은 맛과 향이 온몸으로 전해졌다.

게스트하우스에서 만난 한국 청년 'J'군

　여행이란 생활하고 있는 공간을 벗어나 다른 사람들과 교류하는 것도 중요하다고 본다. 전혀 새로운 곳에서 각자의 사연과 스토리를 가진 사람들을 만나는 것은 즐거운 일이다. 관심 있는 여행지에 대한 정보도 얻을 수 있고 조금만 신경 쓰면 전 세계 네트워크를 넓히는 데 게스트하우스만큼 좋은 곳도 없다.

　보고타에 도착해서 게스트하우스에 묵고 있었다. 하루는 시내를 다녀왔는데 젊은 친구가 한국말로 인사를 했다. 어디를 가나 한국 사람은 첫눈에 알아볼 수가 있다. 술은 좋아하느냐는 물음에 당차게도 선생님 드실 때까지는 따라갈 수가 있다고 대답했다. 함께 시장에 나가 럼주 한 병을 사다가 숙소에서 술잔을 나누며 이야기를 들어 보는데 아주 재미있다. 서울에 있는 모 대학교 기계공학과 4학년인데 휴학을 하고 작년 9월부터 지금까지 6개월째 혼자 여행 중이라고 한다. 지구촌 방랑자가 또 있구나 싶었다. 방랑인가 방황인가? 앞으로 취직하고 입사해서 직장 생활하다가 결혼해 아이를 낳고 나면 자유로운 여행을 할 수 없을 것 같아 혼자서 세계 일주를 하기로 했다고 한다. 유럽과 북미, 중미를 거쳐 남미로 내려가는 길이라 나와는 반대 방향으로 여행을 하고 있었다. 남미를 지나면 아프리카 남단에서 북으로 종주 여행을 하고 한국으로 돌아갈 계획이란다. 그리고 내년 초에 복학해 열심히 공부해서 취직할 생각이란다. 이렇게 오랫동안 여행하려면 돈이 많이 들 텐데, 부모님이 얼마나 도와주었냐고 묻자 아르바이트로 자신의 여행비를 마련했다고 한다. 빨리 졸업하고 취직하지 왜 시간을 낭비하냐며 아버지가 야단을 쳐서 아들에게 약한 엄마를 설득해 허락을 받았다고 한다. 처음에는 아르바이트로 6백만 원 정도를 모아 남미 여행을 준비하다 어차피 마음먹은 거 세계 일주로 목표가 커져 버렸다고 한다. 주말에는 과외공부를 하러 다녔고 평일에는 막노동을 시작했는데 몇 번 다니다가 고정적으로 불러주는 사장님이 있어 일당도 짭짤히 벌었다고 한다. 밥은 일터에서 해결해 주고 바빠서 돈 쓸 시간도 없어 9개월 만에 2,500만 원을 모아 세계일주를 시작했다고 한다. 몇 개월 동안이지만 잠시나마 사회의 맛도 보아서 나중에는 무슨 일이든 해낼 수 있다는 자신감도 얻었다고 한다.

우리 때와 달리 요즘 대학생들을 볼 때면 안타깝다는 생각이 든다. 일단 대학에 들어가면 1~2학년 때는 막걸리를 마시면서 진리란 무엇이고, 철학이 어떻고 하며 세상 고뇌를 다 짊어진 것처럼 밤새 떠들어 대곤 했다. 정의를 이야기하다가 독재에 대항하는 건 우리 학생들이 해야 할 의무이며 사명이라고 생각했다. 숨이 막힐 것같이 답답하고 분통이 터져 한동안 시위에 참여하다가 최루탄에 눈물을 흘리기도 했다. 군대에 가서 부모님 생각도 하고 자신을 다스리면서 애늙은이가 되어 버렸다. 그렇게 제대하고 복학해서는 먹고 살아야겠다는 절박한 생각에 취직 준비한다고 공부하다가 취직해서는 정신없이 젊은 시절을 보냈다.

요즘 학생들과 대화를 하다 보면 우리 때보다 훨씬 공부를 더 많이 하고 다원화된 지식을 갖추고 있다. 영어는 토익 책만 열심히 보면 됐지만 요즘은 그것도 모자라 대부분 조기 유학이나 어학연수를 다녀온다. 우리는 성장의 시대라 기업마다 신입사원을 많이 뽑았지만 지금은 극히 일부를 제외하고는 일자리가 없어 안타깝다. 어떨 때는 성장 시대의 혜택을 받고 복지 부담을 젊은 후세들에게 빚 지우는 것 같아 미안함마저 든다. 여행 중에 만나는 우리나라 학생들을 보면 반가움보다 방황하고 있는 것은 아닌가 싶어 괜히 미안하고 가슴이 저려 오기도 한다.

세계여행 중에 만나는 젊은이들을 보면 프랑스 학생들이 가장 많아 보인다. 학교 커리큘럼에 해외 견문록을 제출하라는 과제가 있는지 생각될 정도다. 지금은 지구촌 전체가 하나로 연결되어 있다. 대학생 시절에 도서관에 앉아 열심히 공부한 친구들도 필요하고, 여행을 하면서 견문과 시야를 넓히고 친구들을 많이 사귀어 세계 곳곳에 네트워크를 갖춘 젊은이도 필요하다. 우리나라가 일류 국가가 되려면 다양한 경험을 가진 사람들이 많아야 한다. 세계여행을 다녀온 젊은 세대가 많을수록 그 나라가 세계일류 국가에 가까워질 수 있는 것 아닐까 싶다. 보고타에서 만난 우리나라 학생 'J'군을 보고 요즘 학생들에 대한 안타까움과 희망을 같이 느껴 본다.

라베가(La Vega)에서

부활절이 가까운 금요일 오후라 차가 너무 막혔다. 메대진까지 가려고 했지만 너무 늦어 주유소에서 기름을 넣다가 그곳에서 자고 다음날 아침 일찍 출발하기로 했다. 동네 이름 표지판에 라베가(La Vega)라고 쓰여 있어 부르기 편하게 라스베이거스로 불렀다. 요란한 카지노의 불빛이 연상되지만, 여기는 가로등이 전체 통틀어서 20개 정도밖에 되지 않는 조그만 면소재지 같은 곳이다. 그나마 편안하고 안전해 보이는 가로등 밑을 찾아 주차를 했는데 바로 옆에 사진관이 있었다. 착해 보이는 젊은 사진관 주인에게 맥주를 사려면 어디로 가야 하냐고 물으니 길 건너편 가게를 가리킨다. 주유소 화장실에 가서 간단히 씻고 왔더니, 그가 불쑥 캔 맥주를 건네주었다. 마음이 너무 고마워 악수를 청하고 가게 앞에 같이 앉았다. 그는 자신을 '이반'이라고 소개했다.

그는 어느 나라 사람이냐고 묻기에 '꼬레아'라고 하자 마치 이웃 나라 인양 금방 꼬레아를 안다고 말했다. 그리곤 "어디서 왔고 어디로 가고 있어요?"라고 물었다. 보고타에서 와서 메대진으로 가고 있다고 말했다. "콜롬비아 전통음식은 뭐냐"고 묻자. 메대진에 가면 콜롬비아의 대표음식 '반데하 빠이사 Bandeja Paisa'를 꼭 먹어 보라고 한다. 따라 하는 내 발음이 못 미더웠는지 종이에다가 메모까지 해주었다. 이어지는 여행 이야기를 나누고 있는데 어떤 아가씨가 오더니 이반에게 안긴다. 둘은 얼마 전 결혼했다고 한다. 그리고 묻기도 전에 자기들은 딸만 넷

을 낳기로 했다고 한다. 한참 신혼 분위기가 느껴졌다. 세월이 흐를수록 부부의 정이 깊어지라고 덕담을 했지만 제대로 뜻이 전달되었는지는 의문이다.

11시가 되자 이반과 헤어져 잠자리에 들었지만 오토바이 굉음이 이따금 들렸다. 밤 12시가 되면 여기서 보고타까지 오토바이 경주를 한다고 한다. 처음 몇 번은 요란하다고 느꼈지만 다음부터는 기억이 없다. 피곤은 바로 옆에서 출발하는 오토바이 경주의 출발 굉음도 덮어버리는 것 같다.

메대진

메대진 가는 도중에 휴게소에 잠시 들러 점심을 먹고 가기로 했다. 식사는 뷔페식이었다. 남미 특유의 소고기인 까르네와 닭고기 요리가 주를 이루고 있었다. 식사 도중에 10대 여자애가 우리 뒤에 서더니 앞에서 아버지가 핸드폰 카메라를 들이대고 갑자기 사진을 찍었다. 식사를 마치고 커피 한잔 하고 있는데 조금 전 카운터에 앉아 있던 아가씨가 다가와서 메모지를 주면서 뭐라고 하는데 통 알아들을 수가 없다. 스페인어 글씨를 쓰면서 자기 이름을 한글로 써달라는 눈치였다. 적힌 글자를 반복해서 읽으며 발음 수정을 거쳐 한글로 '이사벨 모라리스'라고 또박또박 써주자 오뉴월 나팔꽃처럼 금세 얼굴이 환하게 밝아졌다. 그러자 옆에 있던 다른 아가씨와 아저씨도 스페인어로 자신들의 이름을 쓰고 기다렸다. 아저씨 이름 역시 몇 번의 발음 교정을 받아가며 '오사발로 디아라도'라고 써 주었다. 이 아저씨는 나와 같은 오 씨인가? 하면서 보너스로 서로 사진까지 같이 '찰칵' 했다. 그들이 왜 그런지는 모르겠다. 내가 미처 알지 못하는 K-pop이 유행하고 있는지 아니면 한국 드라마가 인기리에 방영되고 있는지 알 수 없다. 하지만 한국 태극기가 붙어 있는 버스를 타고 전혀 낯선 곳에서 점심을 먹으며 생긴 일이다.

보고타를 지나 중부인 메대진에 가까워지자 한참을 올랐던 고산지대에 넓은 평지가 펼쳐지면서 소들이 한가로이 풀을 뜯는 목장들이 이어졌다. 메대진은 적도에 가까워 해발 고도가 2,000m도 넘는 분지에 인구가 250만 명이나 거주하는 콜롬비아 제2의 도시다. 과거 마약 카르텔로 악명이 높았다는 지역이라 그런지 곳곳에 군인들이 많다.

메대진은 멀리서 보면 큰 산 밑으로 건물들이 길게 이어져 있다. 도시 중심을 흐르는 강을 따라 좌우로 도로가 나있지만 출퇴근 시간에는 교통체증이 무척 심하다. 특히 빨간 신호에서 파란 불이 켜지면 제일 앞서 튀어나오는 오토바이의 굉음 소리에 한동안 멍해진다. 수도 보고타에도 없는 전철 매트로가 시내를 누비고 다닌다. 역마다 있는 티켓 판매소에서 2천 페소짜리 기본요금 티켓 한 장이면 시내 어디든지 갈 수 있다. 한 가지 재미있는 것은 도시 특성상 산마을에 사는 사람들을 위해 티켓 한 장으로 매트로를 타고 케이블카로 갈아탈 수 있다는 점이다. 그 노선을 이곳 사람들은 '매트로 까블레, METRO CABLE'라고 부른다. 메대진의 야경을 볼 수 있다고 해 한번 타보기로 했다.

마침 퇴근 시간이라 한참 동안 줄을 서서 산마을의 종점인 산토도밍고로 가는 케이블카를 탔다. 중간에 두 역을 지나면서 사람들이 내리자 케이블카  의 경사도는 갈수록 더 심했다. 사람들은 하루의 피로로 무척 지쳐 보였다. 마을버스와 오토바이들이 용을 쓰고 올라오고 있다. 케이블카와 버스에서 내린 사람들은 다시 사다리 같은 계단을 올라 불빛 속으로 바삐 사라져 갔다. 우리나라 70년대 연속극에서 봄직한 언덕 위 판자촌 모습이 떠오른다.

숙소로 돌아오자 마침 장대비가 주룩주룩 내렸다. 타고 온 버스도 고칠 겸 이곳에서 며칠간 쉬었다 가기로 했다. 오히려 중간 중간 쉬는 것도 나쁘지 않다. 라베가에서 이반이 가르쳐 준 콜롬비아의 대표 음식 '반데하 빠이사 Bandeja Paisa'라고 쓰인 메모를 숙소 옆 식당에 보여주자 주인아주머니가 빙그레 웃으며 알았다는 표시로 '씨~씨'라고 했다. 조금 있다가 나온 음식은 소고기를 양 손바닥 크기만큼 포를 뜬 다음 구어서 큰 접시에 담고, 그 옆에 쌀밥과 콩, 계란프라이, 바나나 튀김과 야채가 들어 있는 세트 메뉴였다. 이곳 사람들이 가장 많이 먹는 식사로 가격과 맛 역시 모두 흡족했다.

오늘은 부활절

오늘은 부활절이다. 라틴 아메리카는 가톨릭이 사실상 국교라 일요일에 이어 이틀간 연휴이기도 하다. 콜롬비아에서는 어떻게 보내는지 궁금해 숙소에서 추천한 대로 메트로를 타고 대성당을 가보기로 했다. 역에서 내려가는 도중에 광장을 지나는데 부활절임에도 포장마차에서 술을 마시고 아침부터 흐느적거리고 있는 사람들이 많다.

성당 안 분위기는 엄숙했고 부활절 미사가 끝나자 시가행진이 시작되었다. 이상하게도 밴드 연주와 예수상을 짊어진 사람들은 군인들이었다. 종교행사에 군인들이 동원된다는 것이 국교 행사에 대한 예의인지 아니면 테러를 대비한 보호인지 내겐 생소했다.

콜롬비아가 자랑하는 세계적인 조각가 보테르의 작품들이 전시되어 있는 광장에는 특별한 목적 없이 그냥 앉아 있는 사람들로 꽉 차있다. 콜롬비아 도시 중 메대진이 가장 상업적으로 발전한 도시다. 실업자들일까? 지나가는 외국인들에게 구걸하는 사람들은 남미 도시들 중에서 콜롬비아가 유난히 많다. 자본주의에 아니면 물질 지상주의에 분노하고 좌절하며 앉아 있는 것인가?

　콜롬비아는 빈부의 격차가 심해 보인다. 다문화 다민족이 어울려 하나의 나라가 되었다고 하지만 방향 설정과 성장에 어려움이 있어 보인다. 동네마다 한집 걸러 술집이고 대낮부터 포커와 맥주를 마시는 사람들로 가득 차 있다. 산도 많지만 산골짝에 기대어 사는 사람들이 너무 많다. 쓰레기 더미를 뒤지며 고물을 수집하러 다니는 사람들도 많다. 그 도시의 문화 복지 시설의 척도 중에 하나가 하수처리 시설인데 도시 입구에는 어느 정도 맑은 물이 흘렀지만 조금 내려가면서 몹시 탁하다. 매일 한차례 소나기가 내리고 수량과 경사가 있어 다행이지 아니면 냄새가 진동할 것 같다. 시내 중심가와 공원, 심지어 골목길에서도 눈에 초점을 잃은 사람들이 부지기수이다. 고급 아파트로 보이는 곳은 높은 울타리와 총을 맨 경비원들에 의해 격리되어 있고 건강을 위해 운동하는 사람들은 보이질 않는다. 나이를 많이 먹은 사람들이 구걸하는 것을 보니 콜롬비아에서 8~90년대에 맹위를 떨치던 마약 문제가 아직도 후유증으로 남아 있는 것 같다.

술집마다 TV에는 대부분 축구중계가 켜져 있고 광적으로 열광한다. 특히 지난 브라질 월드컵에서 콜롬비아 국가대표팀 공격수로 각광을 받았던 하마스는 축구를 떠나 국민들의 영웅이었다. 젊은 친구들이 입고 다니는 T셔츠 중에는 국가대표 하마스의 이름과 백넘버가 새겨진 옷이 단연 으뜸이다. 월드컵이 끝난 후 하마스가 이적해 간 스페인 프로축구의 레알마드리드 팀의 경기는 하루에도 몇 번씩 재방송되고 있다. 우리나라 박지성 선수가 영국 맨체스터 Ut 팀에서 뛸 때보다 10배는 열광하는 분위기다. 몸에는 뜨거운 열정들을 가진 피가 흐르지만 일자리는 없고 빈부의 격차는 심하고 그 속에서 일그러져 가는 사람들의 모습이 느껴져 안타깝다.

항구도시 '카르타헤나(Cartajena)'

밤에 남미여행의 꼭짓점이자 마지막 도시 콜롬비아의 카르타헤나에 도착했다. 성벽으로 둘러싸인 이 도시는 크게 두 구획으로 나누어진다. 전통 구시가지인 '올드 센트로 히비꼬'와 고층아파트와 빌딩으로 구성된 '보라 그란데'라는 신도시로 구분되어 있다. 특히 구시가지는 노란색 벽면과 검은 발코니, 돌로 깔린 골목길을 따각거리며 다니는 마차 소리가 유난히 인상적이다.

 저녁에 성당 앞 조그만 광장에 동네 아주머니들의 에어로빅 체조가 한창이었다. 그리고 연이어 젊은 여행자들의 연주와 노래가 이어졌다. 누가 사회를 보는 것도 아니고 시간이 지나면서 모든 것이 자연스럽게 이어지고 있었다. 크기가 남산만 한 햄버거와 주스, 소시지와 샌드위치를 파는 포장마차가 있고 광장 한편 푯말에는 와이파이가 무료(WiFi Free Zone)로 가동되고 있었다. 그야말로 배낭 여행자들에게 필요한 것은 모두 갖추고 있어 젊은이들이 모여들 수밖에 없는 환경이고, 그것을 보러 오는 중년들도 함께 어울렸다. 어둠이 내리면서 뜨거운 카르타헤나의 태양과 모든 걱정들을 밀어내고 마음 속 편안함이 차오르고 있었다. 흑인 거주지라고 해서 처음에는 약간 주저했지만 일종의 편견일 뿐이었다. 카르타헤나는 모터사이클을 탄 경찰들이 골목까지 수시로 순

찰을 돌며 여행자들의 안전을 관리하고 있었다. 메대진과는 또 다른 분위기다.

세계일주를 하겠다고 첫 발을 디디기 시작한지 4개월이 지났다. 남미 여행을 마치고 이제부터는 중미다. 일정이 예정보다 한참 지났지만 남쪽 끝 칠레에서 북쪽 끝 콜롬비아까지 남미 종주여행을 마무리하고 있다. 콜롬비아 소주인 아구아르디엔테 한 병과 햄버거를 사다가 자축과 아쉬움을 함께했다. 어두움 속에서도 카르타헤나의 검은 성벽과 카리브 해의 바다가 보였다. 항상 마음속에 두었던 카리브의 바다, 그리고 쿠바가 바로 지척에 있다. 여기까지 오면서 겪었던 우여곡절과 행복감이 동시에 주마등처럼 지나갔다. 그래, 시간이 지나가면 다 별거 아닌 것을!

오후에 구 시가지에 있는 우체국을 찾아 딸들에게 콜롬비아 냄새가 물씬 느껴지는 우편엽서를 보냈다. 여행하는 나라마다 엽서를 보내 주면 기념으로 모으겠다는 딸과의 약속을 잘 지키고 있다는 생각에 마음이 편했다. 돌아오는 길에 북과 타악기 소리가 들려 찾아 갔더니 조그만 광장에서 민속춤 공연이 한창이었다. 여행과 사진은 역시 사람들이 들어가야 훨씬 생동감 있고 살아 있다.

2.
태양이 반겨주는 곳, 중앙아메리카

쿠바

붉은 태양을 닮은 나라 쿠바

 외국인이 쿠바에서 체류하려면 원칙적으로 호텔 또는 정부에서 허가한 민박만 가능하다. 전 세계 숙소를 예약할 수 있는 사이트에서 미리 예약을 하고 그 내용을 프린트해 가는 것이 좋다. 쿠바는 인터넷이 원활하지 않아 확인을 하는 데 시간이 걸릴 수 있기 때문이다. 젊은 배낭 여행자들이 주로 이용하는 민박이나 게스트하우스와 성격이 비슷한 것을 쿠바에서는 까사(Casa)라고 하고 건물 입구 벽에 까사 표시를 부착하고 있다. 방이 모두 찼다면 주인이 서로 아는 사람들에게 전화로 연락해 빈 방을 알아봐 주기도 한다.

쿠바에서는 인터넷 사용이 원활하지가 않다. 고급 호텔은 괜찮지만 웬만한 호텔에서도 WiFi 연결이 잘 안 된다고 생각해야 한다. 인터넷 카페가 있기는 하지만 가격도 비싸고 대기하는 사람들이 많아 출국 비행편이나 다음 여행지에 대한 예약이나 변경은 미리 감안하는 것이 좋다. 오히려 편리하고 빠른 정보의 홍수를 잠시 잊고 숙소나 주위 사람들에게 물으며 대화의 장을 넓히는 것도 여행의 또 다른 맛이다.

남미여행을 하고 쿠바에 와서인지 여행자 입장에서 본 아바나의 질서와 치안은 무척 안전해 보였다. 관광객들이 많이 모이는 곳은 경찰들이 배치되어 검문검색도 하고 콜롬비아같이 마약에 취해 비틀거리거나 길거리 쓰레기통을 뒤지는 사람도 보이질 않았다. 사회주의 국가가 사회적 인프라와 물질의 풍요에는 미약하지만, 최소한의 생계 지원과 빈부의 격차가 적어 오히려 치안은 더 안정화된 듯하다. 물론 세계 어디를 가나 자신의 안전은 스스로 잘 지켜야 함은 두말할 필요가 없다.

쿠바와 헤밍웨이

헤밍웨이는 1928년 낚시를 위해 쿠바에 들렀다가, 쿠바의 매력에 빠져 버렸다. 아바나 시내에 있는 호텔에 묵으며 스페인 내전에 경험을 토대로 『누구를 위하여 종은 울리는가』라는 소설을 집필했다. 낚시와 사냥을 좋아했던 헤밍웨이는 쿠바의 수도 아바나 근교, 바닷가 마을 코히마르에 살면서 요트의 선장이자 낚시 친구인 뿌엔떼스를 통해 노벨상 수상작 『노인과 바다』 집필에 영감을 얻었다. 혁명으로 쿠바가 사회주의가 되면서 모든 미국인들이 추방될 때, 쿠바에 있는 헤밍웨이의 집은 뿌엔떼스에게 주고 미국으로 갔다.

쿠바에서 미국으로 돌아와 예전처럼 작품을 쓰려 했지만 우울증에 시달리다 이듬해인 1961년 엽총 자살로 생을 마감했다. 쿠바에서 추방된 일이 그의 삶과 영혼을 빼앗아 가버린 듯하다. 2015년 미국과 쿠바가 국교가 정상화되는 것을 헤밍웨이가 그 누구보다도 기뻐했을 것이다.

미국인들에게 헤밍웨이는 엘비스 프레슬리, 마릴린 먼로와 같이 닮고 싶어 하는 우상으로 남아 있다. 지금도 매년 7월이면 플로리다 키웨스트에서 헤밍웨이를 닮은 사람을 뽑는 경연대회가 열린다. 전국 각지에서 2m 가까운 건장한 체구에 허연 수염을 기른 사람들이 몰려와 그와 가장 닮은 사람을 선발하는 대회이다. 실제로 쿠바 아바나에 가면 나이 든 노신사들이 하얀 수염을 기르고 헤밍웨이가 살고 머무르고 자주 갔던 술집을 찾으며 그의 발자취를 따라 여행하는 사람들을 볼 수 있다. 거기에 빈말로라도 혹시 헤밍웨이 아니냐고 농담을 걸며 악수를 청하면 무척 좋아한다. 나이가 들어 하얀 수염이 턱을 덮는 남자치고 뜨겁고 화끈하게 살다간 그를 닮고 싶지 않은 사람이 어디 있겠는가? 그를 알아봐 주는 것만으로도 행복할 것이다.

헤밍웨이가 묵었던 숙소, 소설을 쓰다가 자주 들렀던 바들이 관광객들의 발길을 잡는다. 호텔 옆에 있는 '엘 플로리다'에서는 '다이키리'를 다른 바에서는 모히또를 주로 마셨다. 술꾼들은 하나보다는 두어 개의 단골집을 만드는 것이 기본이다. 어떨 때는 1차로 타는 갈증을 잠재우기에는 부족할 때가 많으니까 말이다.

쿠바 아바나에 왔다면 꼭 마셔 봐야 한다는 3가지 칵테일이 있다. '모히또'와 '다이끼리', '쿠바 리브레'다. '쿠바 리브레'는 럼주에 콜라를 혼합한 칵테일로 1898년 스페인과 독립전쟁을 벌일 당시 '쿠바 리브레(쿠바 자유)'를 외쳤던 것이 유래가 되었다.

쿠바를 떠나며

필요한 것만 있으면 되지 조금 낡았으면 어떤가? 낡은 택시를 타고 가는데 내부구조가 몹시 간단하다. 첨단 장비일수록 조금만 문제가 생겨도 전문가가 아니면 어디가 고장 났는지 알 수도 없다. 택시를 탔다가 한국에서 왔다고 하자 운전기사가 반색을 하고 반가워한다. 차량 구조는 영화 '로마의 휴일'에서 본 듯한 차인데 핸들에는 현대 자동차 마크가 붙어 있다. 버튼이 아니라 손잡이를 돌리면 라디오에서 음악이 나오고, 자동차 소음은 기차같이 위풍당당하다. 목적지에 도착하자마자 운전기사가 따라오라더니 자동차 앞으로 가서 범퍼를 들어 올렸다. 영문을 모르고 손가락으로 가리키는 곳을 봤더니 현대 마크가 선명하다.

여기는 적도가 가까워 눈이 와서 길바닥이 얼어붙을 일도 없고 산이 거의 없는 평지라 미시령 같은 산길을 달릴 일도 없다. 낡은 차 한 대로 아바나에서 가족들이 행복하게 먹고 살면 충분하다. 그동안 우리는 너무 첨단이나 새로운 것을 찾으며 살아왔다. 50년 이상 탈 수도 있는 차를 3년이 넘으면 벌써 구식인 양 스스로 체면 부담을 가지고 산다. 누가 뭐라고 하지도 않는데 형식과 체면에 얽매여 살아왔는지도 모른다.

 너무 많을 것을 담아가려고 하지 말아야겠다. 아쉬움을 그냥 남겨 놓고 가야겠다. 오래되다 못해 이미 낡아 버린 택시에서 뿜어져 나오는 시커먼 매연 냄새가 그리워질 것 같다. 핸드폰에만 익숙해 있다가, 거실에서 울려대는 전화벨 소리에 잠에서 깨어났지만 왠지 싫지 않고 정겹게 느껴진다. 낡아 버린 수도관에서 물이 세고 페인트가 벗겨지다 못해 곧 무너져 버릴 것만 같아도 자꾸 뒤를 돌아보게 된다. 세월이 지나 버린 뒤 변하지 않은 것들이 오히려 귀하게 느껴지듯이 말이다.

파나마

새로운 도시, 파나마시티

 어디나 새로운 나라의 첫 도시에 가면 낯설다. 에콰도르나 콜롬비아는 고산지대 도시에 주로 머물렀기 때문에 햇빛은 따가워도 바람은 선선했다. 반면에 쿠바 하바나와 파나마시티는 바로 바닷가라 습도도 높고 무척 덥다. 숙소에서 걸어서 5분 거리에 바닷가에 요트정박시설이 있다. 너무 더워 해질 무렵에 간 바닷가 지역은 한강변과 같이 해변을 따라 방파제를 만들어 놓고 자전거 길과 운동 시설들이 있었다. 저녁 무렵 남녀노소 구분 없이 조깅과 걷기를 하는 사람들로 가득하다. 고층아파트가 연속으로 있어 그럴 수밖에 없어 보였다.

 파나마시티만을 둘러보는 동안 전반적인 느낌은 미국 냄새가 강했다. 대서양과 태평양을 연결하는 지정학적으로 중요한 포인트를 가까운 강대국 미국이 그대로 그냥 놔둘 리가 없다. 주위의 늪지를 제외하고 정치와 경제적으로 모두 집중되어 있는 운하를 중심으로 물류와 금융, 집중이 필요한 파나마시티는 공간 문제를 해결하기 위해 40~50층짜리 건물들이 즐비하다. 대부분 주상 복합아파트다.

마을버스로 여행을 준비할 때 남미여행을 2~3월 중에 마치고 중미를 거쳐 늦어도 4월 말 경에는 미국에 도착할 계획이었다. 그리고 버스는 유럽으로 보내고 각자 한 달간 자유시간을 갖고 그 시간에 한국에 왔다 가거나 서로 편한 대로 하기로 했었다. 그때 우리 부부는 미국과 캐나다 서부 여행을 하기로 했었다. 페루까지 여행을 하다 자동차 고장이 잦아지면서 잠시 한국으로 갔던 아내와도 LA에서 합류하기로 한 것이다.

은퇴한 마을버스 여행은 취지는 좋았지만 페루에서 37일간, 콜롬비아 메대진에서 14일…. 의지와 관련 없이 너무 많은 시간들이 차량 고장으로 멈춰 있었다. 4개월이 지나고 판단을 해 봤더니 여행의 반 이상이 자동차 정비센터 순례가 되어 버렸다.

내 여행의 본질은 아내와 세계여행이 우선이다.
부부가 세계일주를 준비하다 마을버스를 만난 것이지, 마을버스가 우선이 아니다.

아내에게

오늘도 차가 정비센터에 가 있습니다. 고장이 너무 잦아 원래 계획했던 여행의 본질이 변해 가는 느낌입니다. 당신이 한국으로 돌아간 다음 여기까지 오면서 곰곰이 생각해 본 결과 이제부터는 마을버스 여행을 접고 오랫동안 꿈꿔 왔던 우리 둘만의 세계일주로 방향을 바꾸어야겠습니다. 한동안 생각해서 내린 결론이니, 둘이서 열심히 해봅시다. 내 비행기 티켓이 6개월짜리인데 5/24일이 만기라, 미국 서부여행을 2주 정도 잡고 돌아가는 날을 계산했더니 5/8 전후로 LA에서 만나야 되겠더군요. 내게 가장 중요한 것은 당신입니다. 이후의 여행은 당신과 마무리할 생각입니다.

항상 최선을 다해 보고 문제가 있으면 합리적인 대안을 찾는 것이 현명한 생각이겠지요? 당신이 미국으로 합류하면, 바로 캐나다까지 북미 서부 여행을 시작합시다. 그리고 이어서 바로 유럽으로 넘어가든지 아니면 잠시 한국에 들어갈까 생각 중입니다. 당신 건강 생각하면 한국에 들렀다 가는 것이 좋을 듯합니다. 당신 생각은 어떤지 의견을 듣고 싶군요.

마을버스와 결별

마을버스를 타고 남미를 여행하는 동안 한국과 남미에서 사용하는 자동차 연료 등급이 맞지 않아 갈수록 차가 힘들어 했다. 자동차도 사람과 같은 비슷한 증상이 생겼다. 자신이 먹기 어려운 음식을 계속 먹게 되자 몸이 허약해지면서 병원 출입이 잦아지더니 한번 입원을 하면 갈수록 오래 걸렸다. 이 상태가 계속 된다면 마을버스로 세계일주는 현실적으로 어렵다는 생각이 들었다. 정신력과 노력의 문제가 아니기 때문에 무조건 밀어붙인다고 해결할 수 있는 일이 아니었다.

여행을 시작한 지 딱 5개월 되는 날, 대원들과 회의를 하자고 제의를 했다. 드디어 올 것이 왔구나 하는 분위기다. 점심을 먹으며 내가 먼저 말을 꺼냈다.

첫째, 이제 나는 마을버스로 가는 여행을 접고 집사람하고 둘이서 세계일주를 하겠다. 계속되는 차 고장으로 지금은 여행이 아니라 자동차 정비소 순례가 되고 있다. 계속되는 불확실성 속에 인생을 방치할 수 없다. 5개월 동안 많은 생각을 하고 인내하면서 지켜본 결론이라 양해해 주기 바란다.

둘째, 차를 한국으로 보냈으면 좋겠다. 거기에 소요되는 비용은 나도 참여하겠다. 앞으로 차 상태가 좋아진다면 내 대신 새로운 멤버를 구해 계속할 수 있을 것이다. 스스로 판단해서 의견을 정리했으면 좋겠다고 했다.

미국에 도착하면 서로가 자유여행을 하기로 했었다. 하지만 정비센터에 입고되는 기간이 점차 길어지면서 남미 여행이 이렇게까지 늦어질 줄 몰랐었다. 같이 여행하고 있는 멤버들에게 내 의견을 전하자 각자 서로의 입장을 존중하고 배려하기로 했다. 그리고 언제 고쳐질지도 모르니 원래 계획대로 먼저 출발하라고 했다. 그리고 서로의 안전을 기원했다.

그동안 페루를 시작으로 볼리비아와 아르헨티나, 칠레, 에콰도르, 콜롬비아까지 남미 여행을 하고 항상 마음속에 있었던 쿠바를 거쳐 파나마시티에 도착을 했다. 이곳 파나마를 시작으로 코스타리카와 니카라과, 온두라스, 엘살바도르, 과테말라, 멕시코시티까지 7개국을 남에서 북으로, 그동안 마을버스에서 이제는 고속버스를 타고 혼자서 중앙아메리카 종주 여행을 할 계획이다. 또 어떤 일들이 기다리고 있을지 궁금하다.

코스타리카 & 니카라과 & 엘살바도르

코스타리카 – 산 호세

마을버스와 이별하고 코스타리카의 산호세로 가는 티카(TICA BUS)버스를 타고 중아아메리카 여행을 시작했다. 코스타리카는 군대가 없다. 국가별 행복지수 평가에서 두 번이나 1위를 한 나라이다. '풍요로운 해안'이라는 뜻을 가진 코스타리카는 과거 스페인과 독일인들이 많이 이주해 와서 다른 중미 국가들에 비해서 백인들이 많다. 스페인어가 공식 언어이지만 대부분 영어를 많이 사용하며 유엔에서 운영하는 '유엔평화 대학'이 수도 산호세에 있다.

좁은 버스 속에서 산호세까지 14시간을 가야 한다. 밤사이 좌석 위에 달린 에어컨도 단단히 잠그고 예비로 가져 온 얇은 점퍼를 입고 잤지만 밤사이 추워서 몇 번 깼다. 고속버스는 밤사이 쉬지 않고 잘 달리고 있었다. 장거리 버스지만 중간 도시를 지나면서 사람들이 이따금 내렸다. 밤새 옆자리에 앉아 있던 마음씨 좋아 보이는 흑인 아주머니도 아침이 되자 잘 가라는 스페인어 '차우, 그라시아스!'라는 말을 남기고 내렸다. 그렇게 아침 한나절을 가다가 코스타리카 국경에 도착했다. 입국 확인을 받고 세관 검사를 받기 위해 기다리는 동안 국경 주위에 있는 가게들과 이동 포장마차에서 음료수와 샌드위치 같은 것을 사서 간단히 밤새 주린 배를 채웠다. .

한 나라의 수도라고 하기엔 너무 단출했다. 먼저 터미널 근처에 숙소를 잡으려고 봤더니 너무 한적한 동네다. 나중에 알았지만 티카 버스터미널은 시내 중심에서 약간 외곽에 있었고 종합 터미널 근처에 숙소들이 많이 있었다. 가방을 내려놓고 카운터에서 소개해 준 전통 음식점에서 Casado를 먹었다.

니카라과 - 마나과(Managua)

터미널에 도착하자마자 온두라스로 떠날 티켓을 미리 예매해 두었다. 국경을 통과해야 하기 때문에 아침 4시 30분까지 와서 체크인을 해야 한다고 한다. 출발 전날은 새벽에 택시를 부르는 것도 복잡할 것 같아 버스터미
널에 있는 호텔에서 머물기로 했다. 티카 버스는 코스타리카와 니카라과 터미널에 자신의 호텔을 운영하고 있다. 숙소에서 내일 새벽에 출발 준비를 해 놓고 7시 반쯤 저녁을 먹으러 나가려는데 모든 문이 잠겨 있었다. 카운터에 물었더니 필요한 음식은 전화로 주문하면 배달을 해준다고 한다.

그냥 잠자기 서운하고 내일 어찌 될지 몰라 간단히 치킨 한쪽과 감자튀김 정도로 때우기로 하고 전화로 주문을 하는데 이것이 만만치가 않다. 그걸 옆에서 보고 있던 카운터 아가씨가 미국인 젊은 친구에게 통역을 부탁했다. 나는 식사량이 적어 통닭 1/4 쪽에 감자나 샐러드가 있으면 좋겠다고 했다. 그 친구가 전화로 열심히 배달 음식점에 설명을 해주었고 결제를 위해 카드 번호까지 불러 줬다. 통역해 준 친구에게 감사하고 한참 지나자 핸드폰에 나카라과 치킨집에서 11달러가 결제되었다는 메시지가 떴다. 여기 니카라과에서 11달러면 큰돈이다. 아니나 다를까 배달되어 온 음식은 가장 큰 콜라 1병과 감자튀김, 그리고 통닭까지 모두 4인분이었다. 이미 배달은 되었고 주변 사람들에게 인심이라도 쓰려고 나눠먹자고 했더니 저녁 먹은 지 얼마 안 되어 모두 배불러 싫다 한다. 조금 전에 통역해 주었던 친구는 고맙지만 자기는 최근에 채식을 위주로 하고 있다고 사양을 했다. 가볍고 간단히 먹으려고 했던 저녁식사가 비용도 낭비하고 무엇보다도 음식을 버리게 생겨서 마음이 편치 않다. 여행 중에 언어가 부족하고 의사소통에 대한 소홀함에 비용과 대가라는 생각이 든다.

구세주의 땅 '엘살바도르(EL SALVADOR)'

택시를 타고 센트로히스토리코(Centro Historico)에 갔다. 처음에 센트로로 가자고 했더니 택시 기사가 어리둥절해했다. 숙소에서 표시해 준 지도를 봤
더니 산살바도르에는 센트로라는 지명이 아주 많다. 각 품목들이 모여 있는 곳의 중심을 센트로라고 하기 때문이다. 신도시가 아닌 이상 우리는 구도심을 찾게 된다. 앞으로의 미래도 좋지만 지나간 역사의 기억들을 들추어 보기 위해서 가는지도 모르겠다.

화폐는 미국 달러를 사용하고 있었다. 한 나라의 수도인 산살바도르의 중심이라고 하는 센트로라 하더라도 길은 좁고 건물들이 많이 낡아 있다. 사람들이 가장 많은 대로에도 조금 번듯하고 화려한 간판들은 모두 온두라스와 마찬가지로 패스트푸드점이 아니면 주유소, 대형 마트까지 우리도 모두 알고 있는 미국계 유명 브랜드들이다. 시내이기 때문에 그럴 수밖에 없지만 모두 최종 소비재와 관련 품목들뿐이다. 길가에 있는 전봇대에는 전기와 전화선으로 보이는 줄들이 그동안 그들이 살아왔던 정치상황과 앞으로 풀어가야 할 숙제만큼이나 복잡하게 얽혀 있다.

센트로 히스토리코(Centro Historico)에서 택시를 타고 돌아오는 길은 도시 전체가 무척 어두웠다. 먹고 사는 게 힘든지 고급레스토랑은 아예 찾을 수가 없고 기본적인 식사 재료와 빵만을 팔았다. 경제 사정이 그 나라 도시 생활을 반영하는 듯하다. 조금 질러오기 위해 택시기사가 언덕길을 가는데 여기는 또 다른 세상이다 고급저택들에 산탄총을 든 경비원들이 연이어 보인다. 조금 전 시장에서 처절하게 느껴졌던 삶의 아우성이 여기와는 먼 나라 이야기다. 불과 2~3km밖에 떨어져 있지 않은 곳이다. 빈부의 격차가 이따금 사람들을 분노하게 만들고 있다는 생각이 든다.

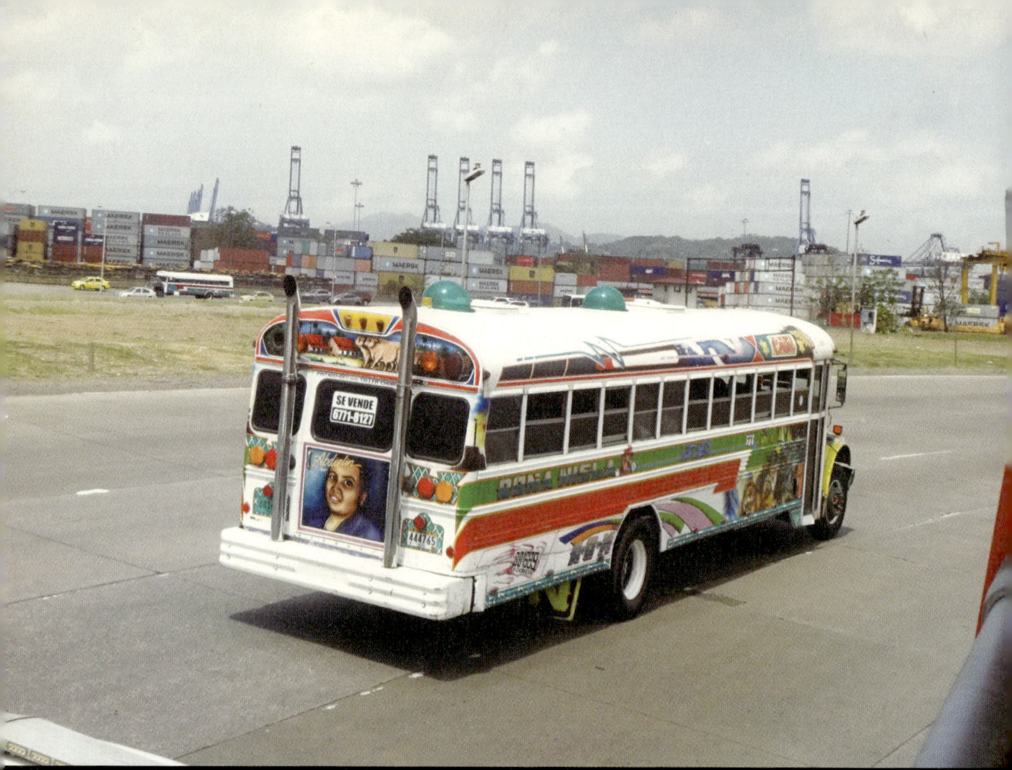
SE VENDE
6771-8127

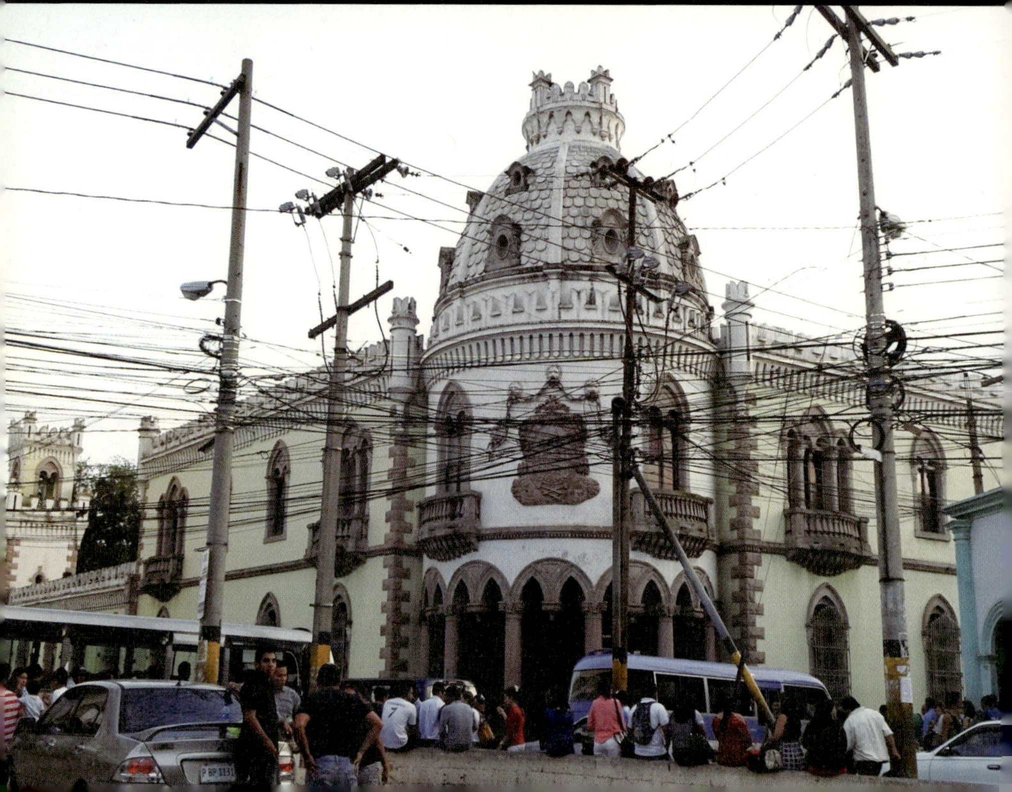

 과테말라

과테말라시티

나라 이름과 구분하기 위하여 도시 이름을 과테말라시티라고 한다. 스페인 식민지 시절 수도였던 안티구아가 지진으로 파괴된 후 대체도시로 건설하여 수도가 되었고 도시가 깨끗하고 우아하여 '작은 파리'라는 별칭을 가지고 있다. 중미의 파리라는 이름에 걸맞다. 시내를 달리고 있는 메트로 버스와 시민들의 질서 의식을 봤을 때 사회적 인프라와 국가의 통제 시스템이 제대로 작동되고 있다는 생각이 들었다. 삶의 수준이 니카라과, 온두라스, 엘살바도르보다는 조금 나아 보인다.

중앙광장(Plaza Central)을 중심으로 국립궁전(Palacio Nacional)과 대성당이 있었다. 그리고 시내에 붉은 벽돌로 지어져 있고 오랜 전통이 느껴지는 건물이 눈에 들어왔다. 프라자 호텔이다. 세월의 무게만큼이나 많은 사연이 있었을 것만 같다. 우체국 건물도 멋있었다. 오래된 도시에 가면 가장 무게가 있는 곳에 우체국 건물이 있다. 소통이라는 것이 예나 지금이나 중요하기 때문일 것이다. 지금은 통신 기술의 발달로 편지 같은 수단은 약화되어 가지만 소통은 오늘날 역시 중요한 정보이면서 지식이며 마음을 연결해 주는 창임에는 변함이 없어 보인다.

과테말라 커피가 맛이 있다고 집사람으로부터 사오라는 명이 왔다. 나이가 들수록 세상을 가장 편하고 쉽게 사는 방법이 있다면 마누라 말을 잘 듣는 것이라고 말하곤 한다. 은퇴하고 둘이 있는 시간이 많은데 서로가 의사소통과 호흡이 잘 맞아야 서로가 편하지 않겠는가?

국립궁전 앞에서 시위와 퍼포먼스가 진행되고 있었다. 과거 독재정권과 인권 유린으로 많이 알려져 있었지만 시위가 허용된 것만 봐도 이제는 많이 개선된 듯하다. AZTECA 은행 이름이 많이 보인다. 남미의 잉카와 같이 아스텍을 자신들의 자랑스런 문화 원류라고 생각하는 것 같다.

3.
감동의 대자연, 북아메리카

 멕시코

가리발디 광장은 하루 종일 '마리아치'들이 부르는 음악이 흐른다. 넓은 챙 모자에 권총을 차고 화려한 은박으로 한껏 멋을 낸 바지를 입고 있다. 기타를 메고 어디론가 가거나 택시를 기다리고 있는 모습이 보인다. 광장에 있는 오래된 바(Bar)에서 데킬라를 마시면서 마리아치들의 음악을 들으면 더 흥이 난다. 음악과 술은 뗄 수 없는 상호작용을 하는 것 같다. 누군가 음악을 신청하면 즉석에서 그들을 위해 노래를 불러주고 고객이 부르면 출장을 가기도 한다.

아빠의 생일인가 보다. 마리아치의 노래와 연주를 들으며 가족 모두가 부둥켜안고 울고 있다. 부부가 흥겹게 춤을 추고 친구들이 에워싸고 같이 춤을 춘다. 친정엄마와 딸이 함께 눈을 감고 등을 토닥이고 옆에는 손자가 서있다. 멀리서 들려오는 음악 소리에 맞춰 어깨를 들썩이기도 한다. 가리발디 광장에는 하루 종일 스토리와 감동이 있다.

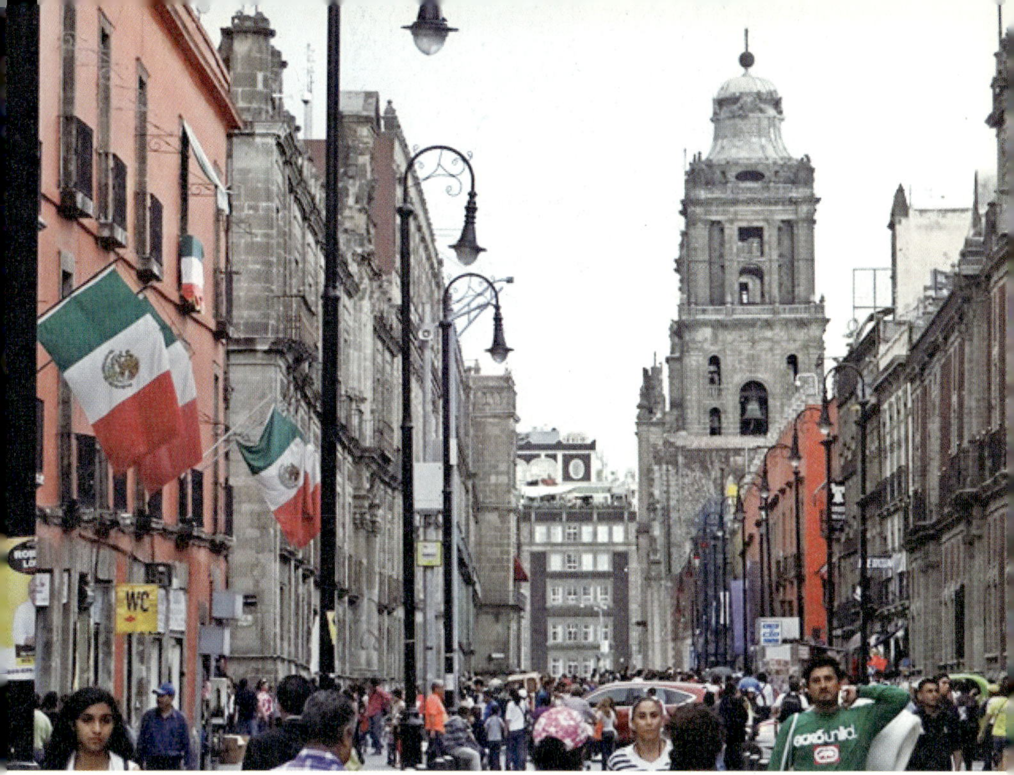
WC

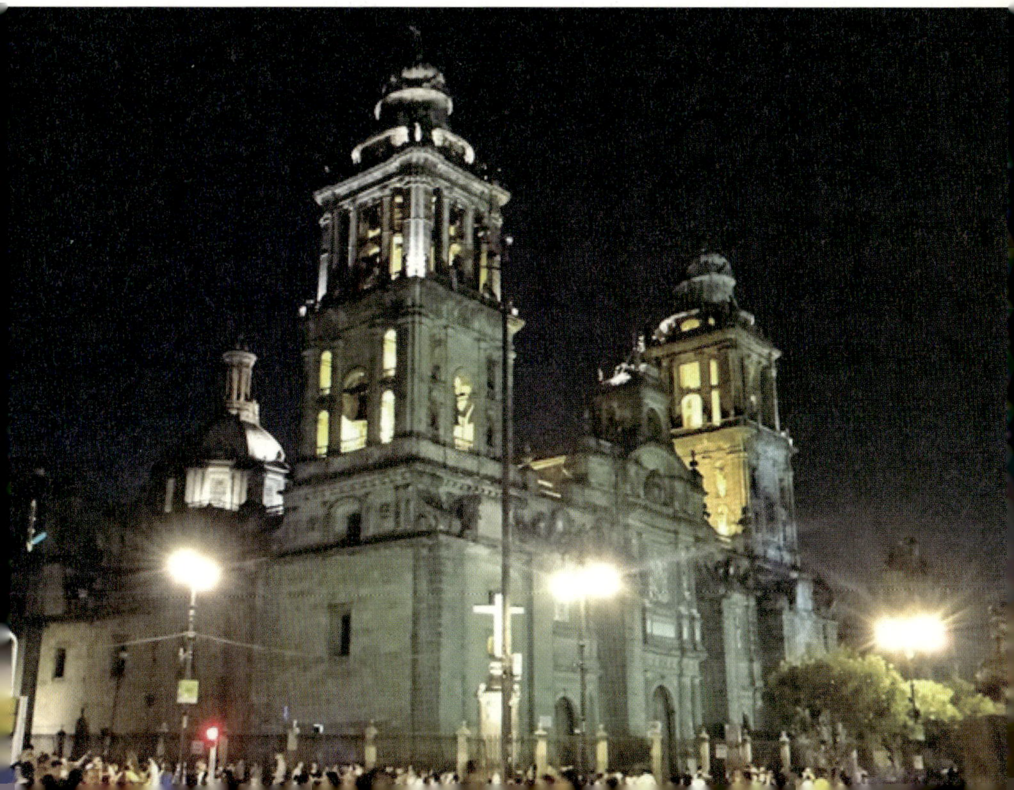

미국

LA에서 우리 부부는 다시 합류했다

멕시코시티 공항에서 미국 LA를 향해 이륙한 비행기가 하늘에서 평온하게 수평을 잡자 그동안 지나온 일들이 하나씩 떠올랐다. 서울을 출발하여 어느덧 6개월이 지났다.

내가 먼저 LA에 도착하고, 다음날 우리 용감한 배여사가 일본을 경유해 미국 LA 공항에 도착했다. 이제는 혼자서도 잘 다니는 글로벌 여행자가 다 되었다. 만나자마자 반색을 하며 서로 끌어안고 좋아했지만 금세 내 얼굴색이 죽어 있다고 아내는 눈물을 흘린다.

아내는 남미 4개국 여행을 마치고 한국으로 돌아갈 때 내가 미국에 도착하면 다시 합류하기로 했었다. 중미를 통과해 미국까지 가는 데 길어야 2개월 정도를 예상했지만 마을버스가 잦은 고장으로 일정이 대책 없이 지연되어 버렸다. 그리고 아내와 4개월 만에 다시 만났다. 이제부터는 우리 부부 둘이서만 나머지 세계일주를 계속하기로 했다. 원래 계획했던 여행이 드디어 정상적인 궤도에 들어선 것이다.

부부가 한동안 서로 멀리 떨어져 있으니 식사는 제대로 하고 있느냐? 뉴스에서 지진이나 큰 사고 소식이 있으면 현지 사정은 어떠냐? 건강상태는 괜찮은지 매일 아침 메시지를 주고받으며 확인하는 것이 아내의 가장 중요한 일과 중에 하나였다. 남편이 그리 위험하다는 중미를 여행 중이니 어쩌다 문자에 답이라도 없으면 문제가 생겼는지 밤잠을 거르기 일쑤였단다. 그러나 이제부터는 언제나 옆에 있으니 그런 걱정이 없어 홀가분하다고 한다. 역시 부부란 함께 붙어 있어야 마음이 편한 것 같다.

미국에 사는 친구 '폴강'

군대에 다녀온 뒤 바로 미국 이민 길에 올라 30년을 미국에서 의류업을 하며 살고 있는 친구가 있다. 약간 내성적이라 표현을 잘 못하지만 마음은 항상 따뜻하고 이따금 한국에 오면 함께 어울리며 우리 배여사가 싸준 명란젓과 깻잎을 무척 좋아하는 친구다. 집사람은 친구가 미국 LA에 산다고 그냥 편하게 'LA 강'이라고 부른다. 세계일주 출발 전부터 이번 여행에 대하여 관심이 많았고 남미와 중미 여행 중에도 수시로 연락을 하며 응원해 주었다. 폐 끼치기가 싫어 게스트하우스 같은 곳에서 묵으려고 했지만 친구가 성의를 무시하지 말라고 해서 일단은 친구 집에서 묵기로 했다. 친구 집은 2층 단독주택에 마당에 수영장까지 갖추고 있어 한국에서는 저택이라고 말하는 집에 부부 둘만이 살고 있었다. 그리고 손님이 오면 편하게 쉴 수 있는 게스트 룸도 별도로 갖추고 있었다.

우리 배여사까지 도착하자 친구 부부가 환영 및 재회를 축하한다며 집에서 저녁을 준비했다. 그동안 못 먹어 봤을 거라며 김치와 LA 갈비, 소주를 내놨다. 이게 얼마 만에 보는 음식이던가? 본토 오리지널이라 그런지 LA 갈비 맛이 아주 입에 쩍쩍 달라붙는다. 친구 부인의 음식 솜씨가 수준급이었다. 한참 세계일주 이야기로 꽃을 피우다가 아내가 옆에 있어서 마음이 놓였는지 몇 개월간의 긴장과 피로가 한꺼번에 몰려왔다. 평소에는 우습게 봤을 소주 몇 잔에 4개월 만에 다시 만난 아내를 밤에 손도 한번 못 만져 보고 정신을 잃고 곯아떨어지고 말았다.

명예퇴직을 할지 묻는 후배에게

엊그제 좋아하는 후배 지점장으로부터 메시지가 왔다. 이번 주 은행에서 명예퇴직 신청서를 받는다고 한다. 계속 있어야 할지 그냥 나와야 하는 건지? 한참 고민을 하고 있는 내용이었다. 세월이 참 빠르다는 생각이다. 엊그제 같던 일들이 지나고 보면 금방이다. 직장인은 "빠르냐, 늦냐?" "내가 원하느냐, 아니냐?"의 차이일 뿐 언젠가 퇴직을 해야 한다. 명예퇴직 때 받을 수 있는 금액이 적고 많고의 비교는 아무 의미가 없어 보인다. 50대가 되어서 명예퇴직의 대상이 된다는 자체가 그 사람이 지금까지 열심히 살아왔다는 증거라고 볼 수 있다. 그 가정의 주인은 부부다. 부부 간에 대화로 이해하고 합리적으로 내린 결정이라면 그것이 99% 옳은 결정이라고 생각한다. 너무 서두를 필요도 없지만 너무 주저할 필요도 없는 것이다. 직장에서 퇴직을 한다고 해서 인생이 끝나는 것은 아니다. 어떻게 생각하면 퇴직은 의무를 벗어나 자유인이 되는 것일 수도 있다. 그동안 자신이 꼭 하고 싶었지만 직장인이기 때문에, 아니면 아버지이면서 가장의 의무를 다하기 위하여 하지 못했던 일들을 찾아 그 꿈을 이루며 자유로운 삶을 살아가면 된다. 그러니 명예퇴직은 역설적으로 인생의 끝이 아니고 의무에서 벗어나 자유인으로 살아가는 즐거움의 시작이라는 생각이 든다.

등에 업은 아이를 삼 년이나 찾아다닌다는 이야기 처럼 우리는 이미 행복을 가지고 있으면서도 발견하지 못하고 찾아 헤매고 있는지도 모른다. 우리가 하는 여행은 누구에게 자랑하기 위한 것이 아니고 내 자신과 아내에게 한 약속을 실행하는 것일 뿐이다. 자신과의 약속을 자꾸 지키지 않고 미루거나 어기기 시작하면 앞으로 할 수 있는 일이 없을 것이다.

미국 서부여행

아내가 오래 전부터 꿈꾸어 왔던 북미 서부여행을 시작하게 되었다. 이번 여행의 핵심은 그랜드캐년, 요세미티, 캐나다 록키를 가보는 것이다. LA에서 시작해 그랜드 캐년과 라스베이거스를 거쳐 샌프란시스코와 요세미티, 그리고 빼놓을 수 없는 캘리포니아 와인도 즐겨 볼 생각

이다. 미국에서 비행기를 타면서 항상 느끼지만 신발과 혁띠까지 풀어야 하는 나라는 미국밖에 없는 것 같다. 강대한 힘이 오히려 적이 많은 법이다.

3대 캐니언

미국 LA에서 바스토우를 경유해 라스베이거스로 갔다. 가는 길에 모하비 사막을 지나야 한다. 그곳에서 미국의 3대 캐니언이라고 하는 그랜드 캐니언, 브라이스 캐니언, 자이언트 캐니언을 둘러볼 수 있었다. 특히 그랜드 캐니언은 영국 BBC가 선정한 죽기 전에 꼭 가봐야 할 50곳 중에서 첫 번째로 나오는 곳이기도 하다. 오랜 세월 자연이 만들어낸 위대한 예술품들이었다.

라스베이거스

라스베이거스는 우리가 흔히 말하는 카지노와 환락의 도시라는 이미지로 다가온다. 그랜드 캐니언이 자연이 만들어 놓은 거대한 작품이라고 하면 라스베이거스는 인간이 만든 최대의 걸작품이라고 한다. 1차 세계대전이 끝나고 미국은 1920년대 대공황의 늪에 빠진 뒤 그 해결책 중에 하나인 후버댐을 건설하자 가까운 라스베이거스는 풍부한 물과 전기를 얻게 됨으로써 본격적으로 발전하게 된다.

라스베이거스는 모하비 사막 한 가운데에 있는 분지로 '라스(Las)'는 지명 앞에 붙는 스페인어의 접두사이고 '베이거스(Vegas)란 작은 목장을 뜻하는 말이다. 동부에서 아팔라치아 산맥을 피해 서부로 가려면 모하비 사막을 만나는데 사막 한가운데 분지에 작은 오아시스 목장 마을이 있었다고 한다. 골드러시로 동부에서 집을 정리하고 포장마차를 타고 서부로 가는 길목에서 잠시 쉬어 가면서 카드나 도박을 했던 도시였다.

캐나다

　캐나다는 러시아에 이어 세계에서 두 번째로 넓은 나라다. 이번 여행은 밴쿠버에서 시작해 호프, 캡룹스, 유네스코가 지정한 세계 10대 절경 중 하나인 루이스 호수, 캐나다의 첫 국립공원인 밴프를 거쳐 캘거리까지 가기로 했다. 북아메리카에 가면 꼭 가보라고 모든 선배들이 조언하는 록키산맥에 중점을 두었다. 미국에 살고 있는 친구 부부도 언제 가도 좋은 코스라 멀리서 친구가 왔다는 핑계 삼아 함께 하기로 했다.

　점심 후 소화 겸 친구 부부와 함께 호수공원을 산책했다. 물이 맑고 중간에 오리가 유유히 유영을 즐기고 있었다. 한쪽에서는 몇몇 사람들이 낚시를 하고 있다. 어떤 사람이 챔질을 시작해 가봤더니 30cm는 넘는 베스가 올라왔다. 친구가 얼마 전 돌아가신 부모님께서 생전에 하신 말씀이 요즘 들어 무척 마음에 와 닿는다고 한다.

"환갑이 지나 마음의 여유를 갖는다 싶었더니,
　그때부터는 세월이 유수와 같이 빨리 가버리더란다.

하도 어이가 없어 지나간 세월을 돌이켜 봤더니

그동안 숨 막히게 살아왔던 지난날들이 마치 봄날 아지랑이 같이 가물가물 하더란다!"

그래, 지나고 나면 다 별 것도 아닌 것을….

아메리카 종주를 마치고

작년 11월 24일 페루행 비행기에 올라 6개월 반 동안 남미 6개국과 쿠바를 거쳐 파나마에서 멕시코까지 중미 7개국, 북미는 미국과 캐나다 서부를 여행했다. 미진한 것도 많았지만 남미의 끝 칠레에서 캐나다까지 왔으니 아메리카 대륙을 남에서 북으로 종주한 셈이다.

아메리카 종주로 나의 세계일주는 1차 마무리를 할 생각이다. 그리고 한국으로 돌아가 잠시 쉬었다가 아내와 둘이서 블라디보스토크에서 시베리아 횡단 열차를 타고 모스크바로 가야겠다. 거기서부터 유럽과 북아프리카, 아시아를 횡단해 올 연말쯤 집으로 돌아오는 2차 세계여행을 시작할 생각이다. 영화 '닥터 지바고'를 보면서 언젠가는 시베리아 횡단 열차를 타고 싶다는 생각을 했었지만 그 당시에는 동서 냉전의 시대라 단지 꿈에 불과한 일이었다. 시베리아를 달리는 열차를 생각만 해도 가슴이 뛴다.

아메리카 종주를 마치고 집으로 돌아오는 길에 스탑오버로 일본을 잠시 들러왔다. 집에 오자 한동안 머리가 멍했다. 몇 개월 동안 쌓였던 긴장이 서서히 풀렸다. 내 집만큼 편안한 안식처가 또 어디 있을까? 여행을 출발할 때는 겨울의 시작이라 낙엽이 쌓이고 아침저녁으로는 날씨가 쌀쌀했었다. 집에 돌아와 뒷산으로 산책을 해봤더니 계절이 완전히 바뀌어 있다. 아카시아 꽃은 이미 말라 바닥에 깔려 있고 밤꽃도 때를 넘기고 있다. 땅에는 민들레와 질경이가 한창 자리를 잡았고 이따금 계절 감각을 잃어버린 코스모스가 멋쩍게 듬성듬성 피어 있다. 푸른 하늘 나무 꼭대기에서는 뻐꾸기가 한껏 목청을 높이고 있었다.

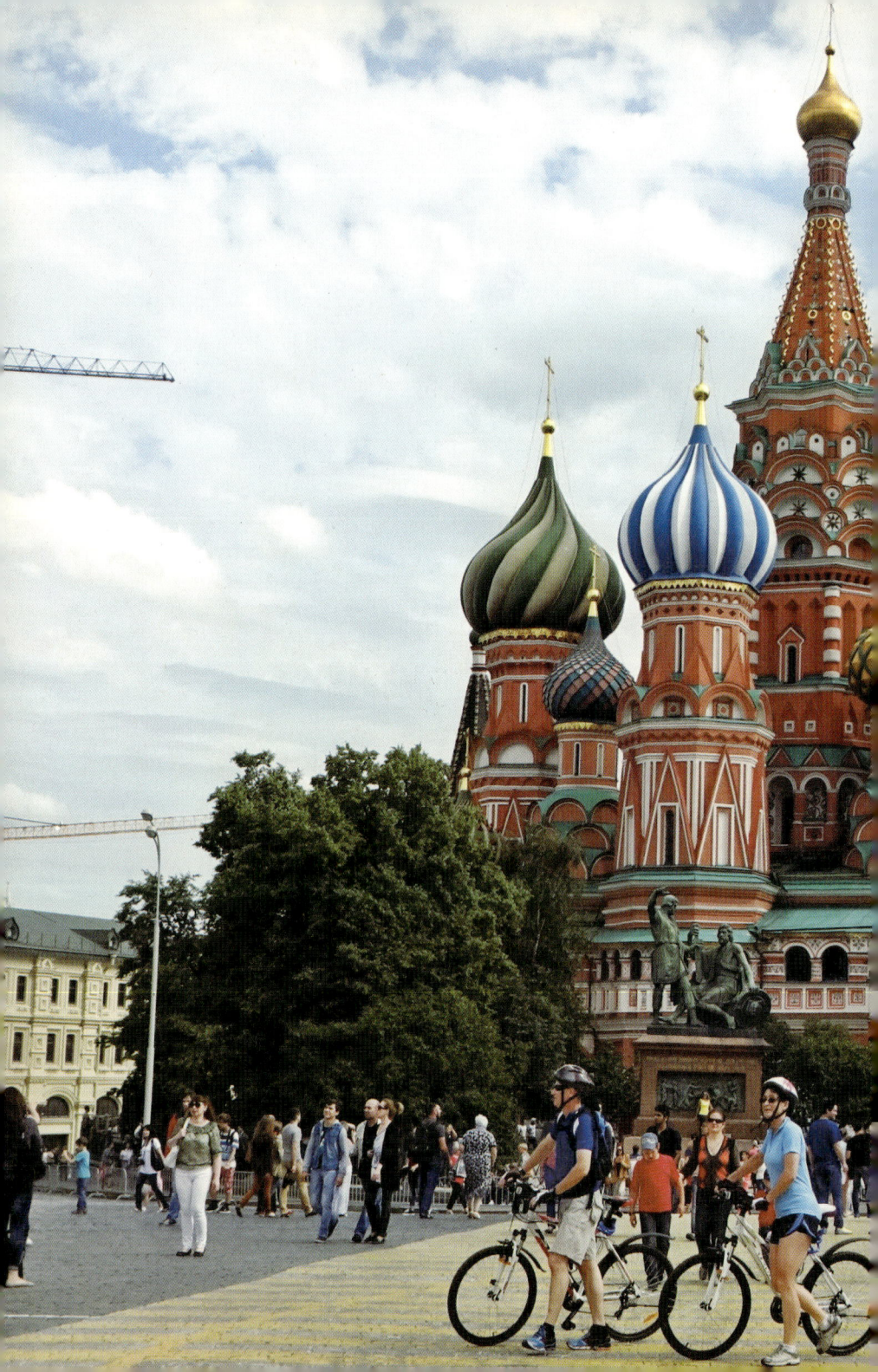

Part Ⅲ

권태를 쏘다, 유라시아 횡단

1.
세계에서 가장 넓은 나라, 러시아

시베리아 횡단 열차

2차 원정 준비

6개월간 아메리카 종주를 마치고 돌아와 잠시 쉬는 동안 아내가 몸보신 해준다며 이것저것 돌아가며 평소 내가 좋아하던 음식들과 보양식을 계속 해주었다. 아내 표현을 빌리자면 새카맣게 타고 말라 버린 얼굴에 눈만 보였던 사람이 이제는 다시 볼에 살이 오르고 얼굴에 윤기가 흐르기 시작했다고 한다. 장기 여행 중에 하루 한 끼는 제대로 먹는다고 했지만 어디 아내가 해주는 집밥과 비교가 되겠는가?

카메라 관련 장비들을 이번에는 가볍게 하기로 했다. 1차 여행 때 사진 욕심에 무거운 카메라와 보조렌즈, 거기에 삼각대까지 가지고 다니느라 목과 어깨도 아프고 찍고 싶은 장면이 나오면 오히려 순발력도 떨어져서 시간이 갈수록 짐 덩어리만 되었다. 그래서 이번엔 아내가 가지고 있는 미러리스, 내가 항상 애용하던 똑딱이, 핸드폰 정도로 가볍게 가기로 했다.

2차 원정의 출발지를 러시아 블라디보스토크로 정했다. 원래는 모스크바까지 비행기로 가서 유럽과 북아프리카를 거쳐 아시아를 횡단해서 돌아올 예정이었다. 하지만 예전에 영화 '닥터 지바고'를 보고 언젠가는 시베리아 횡단 열차를 타고 싶다는 생각을 해오다가 아내에게 의견을 묻자 기다렸다는 듯이 '바로 콜'을 외쳤다. 그리고 한 번도 가보지 못했던 러시아를 이번에 한 달 정도 여행해 보기로 했다.

러시아에 익숙해지기 위해, 영화 '닥터지바고'와 '아웃 오브 시베리아'를 다운받아서 봤다. 황제의 시대에서 볼세비키와 레닌 혁명을 거치면서 변해가는 러시아의 사회상과 지식인의 고뇌와 사랑을 담은 영화 닥터 지바고는 몇 번 다시 봐도 재미와 감동이 남는다.

영화 속에 나오는 시베리아의 풍경들과 지명들도 관심이 많이 간다. 내가 이 영화를 좋아하는 특별한 이유가 또 있다, 둘째 딸아이가 세상에 나오는 날 눈이 엄청 내려 교통이 마비되었었다. 회사에 출근해서 일하고 있는데 아내에게서 전화가 왔다. 출산예정일은 며칠 남아 있는데 오늘 심상치 않으니 평소 다니던 산부인과에 입원하겠다고 했다. 병원도 가깝고 장모님도 와 계시니 천천히 오라고 했다. 지금 같으면 아내가 출산한다면 모든 일 제쳐두고 달려가겠지만 그 당시만 해도 그런 분위기가 아니었다. 정신없이 일을 하고 있는데, 진통이 시작돼 아내가 방금 분만실로 갔다고 장모님에게서 전화가 왔다. 전화를 받자마자 병원으로 가는데 눈 때문에 교통이 마비되어 차를 포기하고, 버스로 세

정거장이나 되는 빙판길을 한걸음에 달려가던 기억이 생생하다. 영화 속 유리가 군의관 복무를 마치고 집으로 돌아오면서 토냐를 보고 하얗게 눈 덮인 모스크바 시내를 뛰어가던 모습들과 겹쳐져 둘째 아이 생일만 되면 아내와 함께 그 이야기를 하곤 한다.

시베리아 횡단 열차 예약

블라디보스토크에서 모스크바까지 가는 길에 지구의 눈이라고 하는 바이칼 호수를 보기 위해 이르쿠츠크에서 3일간 쉬어가기로 했다. 열차를 타고 7박 8일, 9천km 거리를 한 번에 그냥 지나쳐 버리기에는 아쉽기도 하고 체력적으로도 부담스러웠기 때문이다. 열차 티켓은 집에서 출발하기 20일 전쯤 예약했다.

다음에는 한국에서 블라디보스토크로 가는 방법을 알아보았다. 강원도 동해에서 페리를 타고 가거나 인천에서 비행기로 가는 방법이 있다. 페리로 갈 경우 배편이 1주일에 한 번밖에 없고 6개월 동안 여행할 짐을 가지고 집에서 동해까지 간 다음 다시 배를 타고 하루를 가야 했다. 비행기는 국내 항공사와 러시아 항공사들이 동시에 취항하고 있어 하루에도 여러 편이 있고 저가항공을 이용하면 비용도 배보다 훨씬 저렴했다. 그리고 러시아는 우리나라와 비자면제 협약이 체결된 국가라, 다음으로 갈 유럽 역시 비자와 관련해서는 유효기간이 6개월 이상 충분히 남은 여권만 있으면 별도로 준비할 필요가 없었다.

일단 서울에서 블라디보스토크까지는 비행기로 간 다음, 열차를 타고 블라디보스토크에서 바이칼 호수가 있는 이르쿠츠크, 이어서 모스크바, 마지막 상트페테르부르크를 거쳐 핀란드로 가기로 했다. 약 한 달 동안 러시아의 동쪽 맨 끝에서 출발해 서쪽 끝까지 대륙을 횡단하기로 했다.

블라디보스토크에서 이르쿠츠크로 가는 열차

시베리아 횡단 열차는 출발지에 따라 여러 노선이 있지만 우리는 러시아의 동쪽 끝인 블라디보스톡에서 출발하는 길을 선택했다. 열차 시간은 모두 모스크바 시간을 중심으로 하나로 통일되어 있다. 땅이 워낙 넓어 블라디보스토크에서 열차를 타는 사람의 티켓에 04시라 표현되어 있다면 거기에 모스크바와 시차 7시간을 더한 11시에 출발한다.

이르쿠츠크까지는 앞으로 76시간을 가야 한다. 열차 칸마다 차장이 있는데 맨 좌석 칸은 차장이 머물면서 승객들의 승하차 확인과 서비스를 하고 있었다. 며칠씩 가는 장거리 노선이라 그런지 대부분 40~50대로 보였다.

열차가 머무는 역들은 대개 2분 정도 정차하다가 갔지만 이따금 15분이나 30분간 정차하는 역도 있었다. 블라디보스토크 역을 출발한 지 10시간이 지나 밤 9시쯤 비야젬스키야에 도착해서 15분간 정차했다. 스트레칭도 할 겸해서 열차에서 잠시 내렸더니 열차 옆으로 동네 아주머니들이 다가와 바구니에 감자만두, 크로켓처럼 생긴 기름에 튀긴 빵, 연어 훈제와 절인 연어 알을 팔고 있었다. 우리 돈으로 대략 천 원 정도 하는 감자만두를 한 봉지를 샀는데 물만두에 감자 속이 들어 있었지만 아무 맛이 없었다. 우리가 매일 먹는 밥이나 물과 같이 오히려 자신의 맛을 드러내지 않아야 오랫동안 질리지 않고 먹을 수 있는 것 같다. 사람도 자신을 너무 드러내지 않고 진득한 친구가 시간이 지나면 더 정겨운 것과 같은 이치라는 생각이 들었다.

열차가 출발한 지 얼마 지나지 않아 우리 앞자리에 젊은 러시아인 부부가 앉았다. 마침 우리와 같이 이르쿠츠크까지 간다고 했다. 부인은 임신 7~8개월 정도 된 듯하다. 차가 출발하자 창가에서 중년 여자가 못내 아쉬운 듯 손을 흔드는 모습을 봐서 아마도 아기 낳기 전에 처갓

집에 다녀오는 것 같았다.

그 친구들이 앞으로 3일 동안 머무를 열차 침대 시트를 깔고 수건과 짐들을 정리하는 것을 보고 우리도 따라서 했다. 짐 정리가 어느 정도 끝나고 마지막으로 의자 앞 탁자에 올려놓은 커피와 프림이 아무래도 눈에 익었다. 커피 봉지를 자세히 봤더니 "엄선된 커피원두의 완벽한 맛과 향기 ○○커피"라는 한글이 뚜렷이 인쇄돼 있었다. 우리가 반가워하며 코리아 커피라고 했더니 엄지손가락을 꼽으며 맛이 최고라고 하는 것 같다. 엊그제 택시 기사가 코리아 ○○○초코파이를 말하며 엄지손가락을 치켜세우던 모습이 생각이 났다. 여기서는 커피와 초코파이가 한국을 대표하는 인기 상품인 듯하다.

열차에서의 3일

드디어 기대했던 시베리아 횡단 열차를 탔다. 정시가 되자 열차가 소리도 없이 슬금슬금 움직이기 시작했다. 한참을 가다가 열차가 정차할 때마다 사람들이 타기 시작한다. 이따금 눈을 마주치는 사람들과 아이들이 힐끔 쳐다본다. 우리가 한국에서 외국인을 볼 때 그래왔던 것처럼 그들 눈에는 우리가 이방인이다.

열차에서의 첫날, 파란 벌판과 이따금 조그만 숲, 그리고 강과 한참 만에 볼 수 있는 마을 정도가 창밖에 보이는 풍경의 전부다. 그렇게 대

여섯 시간을 가다가 아내가 한마디 했다. 이렇게 조그만 닭장 같은 차를 타고 모스크바까지 간다는 것은 합리적으로 보이지 않는다. 차라리 일부 구간은 재미로 한번 타 본다 하더라도 비용과 시간을 모두 고려한다면 비행기를 타는 것이 요즘 시대에 맞는 것 같다고 혼자서 독백처럼 말했다. 시베리아 열차 말을 꺼냈을 때 그저 재미있겠다고 열렬히 찬성하고 지지했던 아내가 환상의 나라에서 현실로 돌아 왔나 보다. 블라디보스토크에서 만난 택시 기사도 열차를 타고 모스크바로 간다고 했더니 웃으며 '크레이지'라고 했던 기억이 난다. 이미 어렵고 비싼 비용을 들여서 모스크바까지 예약을 모두 끝내 놨으니 이미 돌이키기는 너무 늦었다. 차라리 일생에 한번 있을 시베리아 횡단열차에서 오히려 즐기는 방법과 의미를 찾아봐야겠다.

열차에서 2일째, 7월이라 밤사이 그리 춥지는 않았다. 새벽에 보는 시베리아에는 곳곳에 안개가 끼고 벌판에는 이때가 한참이라고 느껴지는 들꽃들이 잔뜩 피어 있다. 멀리서 고개를 내민 아침 해도 숨바꼭질을 하면서 열심히 열차를 따라 온다.

현지 시간으로 아침 8시가 다 되었는데도 복도 쪽으로 문이 열린 방이 거의 없다. 앞자리에 있는 젊은 부부도 둘 다 아직 한밤중이다. 밤 사이 블라디보스토크에서 1,500km를 달려 베로그로스키에 도착했다. 여기는 꽤 큰 도시라 38분간 정차하면서 사람이나 열차나 모두에게 필요한 것들을 보충한다. 열차에 있던 사람들도 잠시 내려 햇빛도 맞고 담배들도 피면서 밤새 안녕했음을 확인하는 듯하다. 역 앞에 나가 아침 식사용으로 소시지와 삶은 계란, 러시아 식빵을 사가지고 들어 왔다. 가격은 상당히 저렴하다는 느낌이다.

낮 12시가 되자 차장이 위생복을 입고 복도 걸레질과 함께 방마다 돌아다니며 간단한 청소를 했다. 예전에 봤던 시베리아 열차가 나오는 영화에서는 내부청소를 하면서 밀짚이나 볏짚을 새로 갈던 장면이 생각이 났다. 역시 장거리 열차라는 느낌이 실감이 났다.

열차에서 3일째, 낮에 치타를 거쳐 밤 11시에 울란우대에 도착했다. 블라디보스토크와는 3,900km 거리다. 몽고의의 수도 울란바토르에서 오는 열차와 합류되는 곳이기도 하다. 난생 처음 열차 속에서 3일을 보내고 있지만 그렇게 마음먹어서인지 갑갑해서 힘이 들지도 않다. 바둑이 끝나고 복기를 하듯 여태껏 지나온 날들을 차분히 돌이켜 볼 수 있는 시간이었다. 내일 아침 해가 밝아지면 그동안 정들었던 열차에서 내려야 한다. 아내가 생각보다 열차 속에서 시간이 아주 잘 간다고 한다.

실컷 잠을 자다가 출출하면 밥 먹고, 졸리면 또 자고 이따금 정차역이 긴 곳에서는 밖에 나가서 가볍게 걸어 보고…. 밥하고 설거지하지 않아서 좋다고 한다. 인스턴트식품이 대부분이니 그럴 수밖에….

바이칼 호수의 도시 '이르쿠츠크'

열차 시간표에 아침 6시 24분 이르쿠츠크 역에 도착할 예정이었다. 전날 밤 조금 일찍 자려고 했지만 쉽게 잠이 오지 않았다. 열차 침대에 누워 몇 번이고 잠을 깨다가 5시에 일어나 내릴 준비를 했다. 고양이 세수와 양치를 하고, 슬리퍼와 남은 음식들을 다시 집어넣었다. 이번 역에서 앞자리에 앉아 있던 러시아 젊은 신혼부부를 따라 열차를 탈 때 받았던 침대와 베개 시트를 접어 차장에게 반납했다. 내릴 준비를 끝내고 같은 방에서 있었던 기념으로 함께 사진 찍고 이메일 주소를 주고받으며 열차가 도착하자 헤어졌다. 우리와 다른 파란 눈을 가진 사람과 며칠 사이에 정이 들었다. 순박하면서도 착하고 따뜻한 정이 많은 친구였다.

숙소에 도착하자마자 3박 4일을 열차에서 보낸지라 일단 샤워부터 하고 나서 간단히 아침을 먹은 다음 한숨을 자고 났더니 정신이 들었다. 오후에 이르쿠츠크 역에 나가 3일 후에 모스크바로 갈 열차 티켓이 제대로 되었는지 확인을 하고 시내 구경을 가기로 했다. 그러다가 한국에서 온 젊은 친구 둘과 마주쳤다. 블라디보스토크 역에서 우리보다 이

틀 앞서 출발하던 친구들이었다. 먼 곳에서 한국인을 다시 만나니 반가웠다. 한 친구는 대학교에서 조교 생활을 하다가 러시아와 유럽 발칸을 여행하고 있고 한 친구는 대학교 2학년을 마치고 군대에 가기 전에 여행을 하고 있다고 한다.

러시아어는 키릴문자라고 하는데 우리나라 영어와 같이 표음문자라 알파벳만 외우면 어설프지만 일단은 글자를 읽을 수는 있다. 러시아로 출발하기 전에 최소한 지하철역 이름이라도 읽을 수 있도록 책을 사서 키릴문자 알파벳을 외워 왔더니 뜻은 모르지만 간판을 읽을 수 있었

고, 날이 갈수록 속도도 조금씩 빨라졌다. 시베리아 횡단 열차에서 차창 밖의 간판을 읽고, 앞자리에 앉아 있는 러시아 사람에게 1대1 발음 교정을 받기도 했다. 외국인이 자국 언어를 배우고 있는 모습이 가상해서 그런지 아니면 시베리아 열차라 지루해서인지 재미있어 하면서 열심히 가르쳐 줬다. 그리고 한 발씩 앞으로 나아져 가는 것을 느끼며 딸이 이려서 처음 글자를 배우기 시작할 때 지나가면서 간판을 읽으면 그렇게 대견해하던 생각이 났다.

바이칼 호수의 전원마을 '리스트비앙카'

이르쿠츠크 시내 버스터미널에서 출발해 사람들이 많이 몰리는 중앙시장을 들러 몇 명을 더 태우고 자작나무로 가득한 숲 사이로 난 길을 1시간 20분가량 더 달려 바이칼 호수의 전원마을 리스트비앙카에 도착했다.

오늘따라 비가 와서인지 관광객보다는 현지인들이 대부분이었다. 버스 종점 옆에는 유람선을 탈 수 있는 선착장과 안내센터, 관광버스 주차장과 카페가 있었다. 종점에서 앞으로 200m를 더 가면 두툼한 고기를 꼬치에 끼워 자작나무 숯으로 구운 러시아의 전통요리 샤슬릭을 파는 가게와 나무로 된 테이블 좌판에서 바이칼의 명물인 오물을 맛볼 수 있는 미니 시장이 있다.

화덕에 자작나무로 불을 피운 숯을 모아 고기 꼬치를 구워 파는데 사람이라면 그 냄새에 끌려 갈 수밖에 없다. 바이칼에서만 난다는 오물은 우리나라 송어 비슷하게 생긴 민물고기인데 훈제를 한 다음 식지 않도록 아이스박스 같은 곳에 넣어서 판다. 오물 두 마리와 돼지고기와 닭꼬치, 러시아 볶음밥을 시켰다. 오물은 훈제가 되어 있어서 별도로 요리가 필요 없다. 샤슬릭 집에선 맥주도 파는데, 여기까지 왔으면 현지 생맥주 맛을 봐줘야 하는 것이 세계적으로 물이 맑기로 유명한 바이칼에 대한 예의가 아니겠는가. 그날 역시 시원한 맥주로 하루의 피로를 풀었다.

아침에 조금씩 내리던 빗줄기가 점점 굵어지기 시작했다. 아내랑 둘 다 우의를 입어서 오히려 비를 즐길 수 있었다. 유치원 다니던 딸이 비가 오면 우의와 장화를 신고 다니는 것을 좋아해 왜 비가 안 오냐고 엄마에게 투정을 부리던 생각이 난다. 여행 중에 내리는 비는 오히려 편안함과 즐거움을 주기도 하는 것 같다.

 **모스크바**

 시베리아 횡단 열차를 타고 블라디보스토크에서 출발해 바이칼 호수를 보기 위해 이르쿠츠크에서 3일을 쉰 다음 이어서 모스크바에 도착했다. 열차 속에서만 꼬박 7박 8일, 9천km가 넘는 거리였지만 지루함보다는 힐링의 시간이었다. 열차를 타는 첫날, 걱정이 태산 같던 아내는 끝없이 펼쳐진 벌판과 간이역마다 마주치는 사람들을 보는 것도 하나의 즐거움이었다고 한다. 종착역이 가까워질수록 열차를 타고 대륙을 횡단해 봤다는 뿌듯함에 마음의 배가 불렀고, 살아온 날들을 돌이켜 보는 시간들도 의미가 있었다. 시베리아 횡단 열차는 우리 부부에게 생각의 스케일을 키워 주고 영원히 잊지 못할 추억을 안겨 주었다. 역시 사람은 마음먹기 나름이라는 생각이 든다.

 러시아는 유럽과 아시아에 걸쳐 있으며 세계에서 가장 큰 나라다. 12세기 모스크바 공국에 기원을 두고 1917년 러시아 혁명이 있기까지 황제가 통치하는 제국이었다가 노동자들과 농민에 의한 혁명으로 최초의 사회주의 국가이면서 공산주의 맹주인 소련 정권이 수립되었다. 동서 냉전시대에는 결코 가까이 할 수 없는 나라였다. 그들의 사상적 이론이었던 마르크스-레닌이나 유물론을 언급하거나 가까이 했다는 이유 하나만으로 한때, 일부 지식인들의 멍에가 되기도 했다. 사상이나 이념이 다르다는 이유 하나만으로 심하게는 인간의 목숨을 결정하기도 했던 암울한 시절이 있었다. 당시에는 갈 수 없다는 것을 알면서도 언젠가는 꼭 가보고 싶었던 나라, 러시아다.

붉은 광장

크렘린 궁 성벽 동북쪽에 있는 넓은 광장을 붉은 광장이라고 부른다. 과거에는 상인들이 물건을 팔기도 하고 전쟁으로 나가는 군인들의 행진이나 정치범들의 공개 처형장이기도 했다. 붉은 광장이란 이름은 색갈이 '붉다'는 뜻도 있지만 러시아어로 '아름답다'라는 뜻도 있다.

흑백 뉴스로 봤던 스탈린을 포함해 러시아 최고 독재자들의 삶의 마지막 행사가 열리던 곳, 실제로 붉은 광장에 가보고 러시아인들의 규모와 아름다움에 입이 딱 벌어졌다. 여태껏 보아 왔던 서울 여의도 광장과는 비교불가, 그 차원이 틀렸다.

상트페테르부르크는 러시아 표트르 대제가 황량한 습지에 계획도시를 건설해 1712년 새로운 수도가 되어 1918년 다시 모스크바로 옮기기 전까지 러시아 정치와 경제의 중심지뿐만 아니라 위대한 문학과 예술가를 탄생시킨 문화의 도시다.

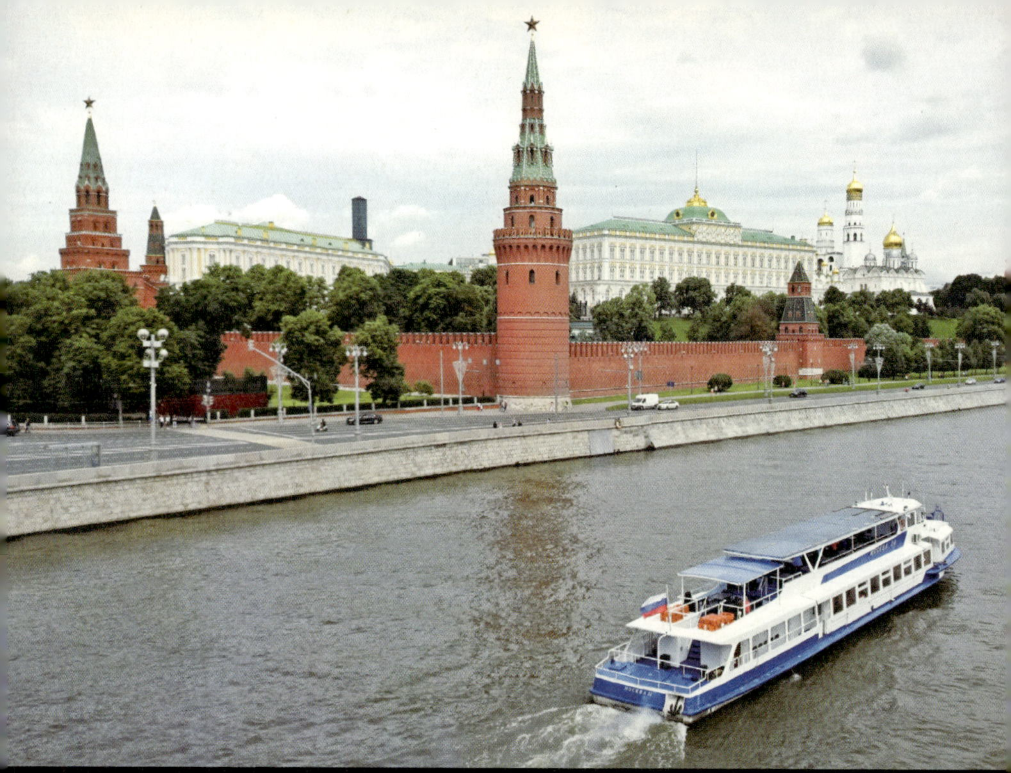

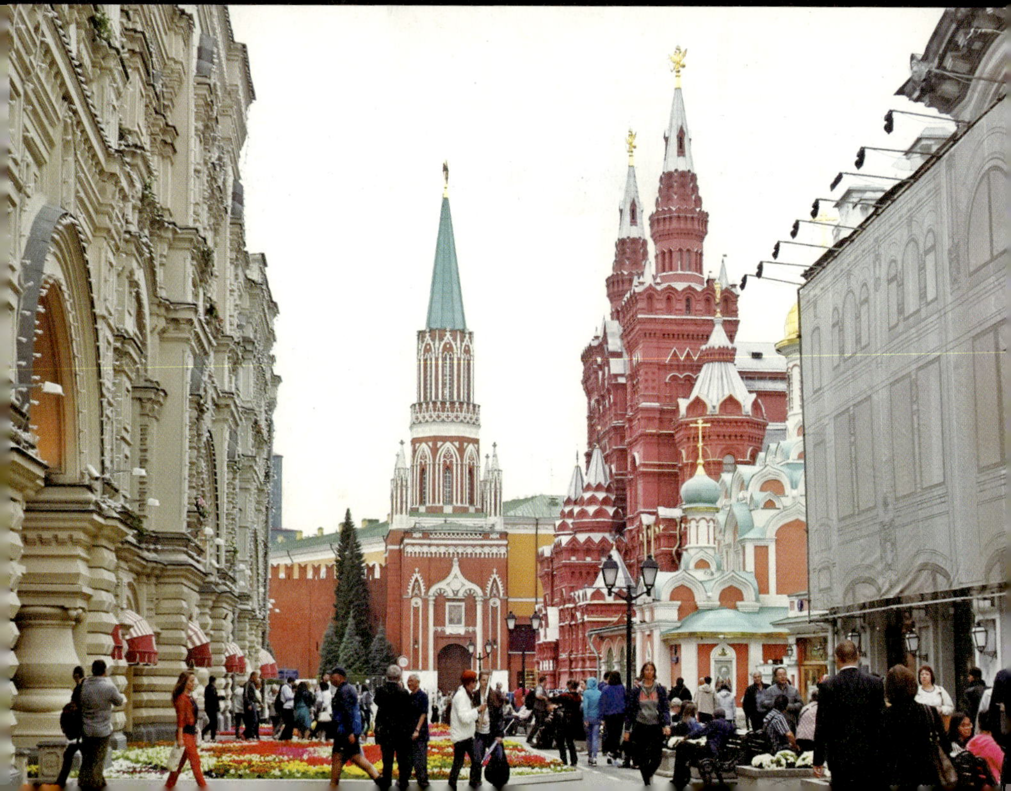

2.
맑은 화려함, 북유럽 여행

 핀란드

헬싱키에서

러시아 상트페테부르크에서 버스로 핀란드의 수도 헬싱키에 도착했다. 중간에 국경을 통과하면서 출입국 절차를 거치느라 버스에서 내려서 1시간 반 정도 보내고 한숨 살짝 자고 났더니 금세 도착했다. 도착한 곳은 서울의 강남고속 버스터미널과 같이 핀란드 전국을 버스로 연

결하는 'Camppi'라고 하는 헬싱키의 버스종합터미널이다. 지하층은 버스와 지하철을 타고 내리고 1층은 주로 음식점, 그리고 위층은 상가들이다. 도착한 날이 일요일이라 그런지 아침 8시 반이 다 되어서야 지하철이 운행을 하기 시작했다.

재미있는 것은 화장실을 가려는데 문이 모두 잠겨 있고 동전을 넣어야 사용할 수 있도록 되어 있었다. 소변 한 번 보는데도 1유로짜리 동전을 넣어야 한다. 러시아에서는 30루블, 우리 돈으로 환산하면 600원 정도인데 여기는 러시아에 비해 두 배가 넘는다. 기계가 발달했다고 하지만 화장실까지 자동화기기를 이용해야 하다니 너무하다는 생각이 들었다. 그러고 보니 지하철이나 터미널, 휴게소 같은 곳은 항상 깨끗이 그리고 무료로 제공하는 우리나라 시스템이 고맙기도 하고, 지나친 서비스 같기도 하였다. 어찌되었든 화장실 천국인 대한민국에 태어나 살고 있는 것에 감사할 따름이다.

헬싱키에서 투르쿠로

헬싱키에서 핀란드의 옛 수도 투르쿠로 오는 길은 밀과 노란 유채꽃이 한창이었다. 크리스마스 트리와 한가한 농촌 마을들이 그림 같다.

투르쿠 터미널에 도착해 지하철이 있냐고 물었더니 이곳에는 작은 도시라 없다고 한다. 이제 지하철 타는 것은 자신이 생겼는데 그게 없으니 어떻게 해야 할지 멍했다. 택시를 타고 적어 온 숙소 주소를 내밀었더니 오케이라고 한다. 그리고 택시기사가 시내버스를 타는 방법을 가르쳐 주었다. 버스를 타고 운전기사에게 3유로를 주면 티켓에 버스를 탄 시간과 거기에 2시간을 더한 티켓을 발급해 준다. 그 사이 환승과 승하차를 여러 번 해도 무방하다지만 얼른 계산해도 4,500원이니 비싼 편이다. 그래서인지 자전거를 이용하는 사람들이 무척 많다. 집사람 하는 말이 재미있다. "여기 택시는 기본이 벤츠 아니면 BMW구만!" 여기는 북유럽이니 그럴 수밖에.

미리 예약해 놓은 "INN 22" 숙소에 도착했더니 가정집 같은데 인테리어와 주방 시설들이 무척 세련되었다. 그리고 이 집의 백미는 무료로 사우나를 즐길 수 있다는 것! 핀란드에 와서 오리지널 핀란드 식 사우나를 하게 되었다. 우리 부부 둘만이 독탕을 그것도 공짜로…. 집사람은 땀을 빼고 나더니 한 달 동안의 여독이 완전히 풀리고 아프던 곳이 모두 사라져 버렸다고 한다.

오후에는 내일 갈 실자라인 터미널도 미리 가보고 투르쿠 시내를 보러 나왔다. 돌아오는 길에 광장에 들러 완두콩과 딸기를 사먹었는데 이곳 사람들은 희한하게도 완두콩을 생으로 먹는다. 딸기는 우리처럼 비닐하우스에서 곱게 자란 딸기가 아니라 야생에서 자란 듯 못생겼지만 새콤달콤한 맛이 일품이다.

크루즈 여행

투르쿠에서 스톡홀름으로 가는 크루즈를 타기 위해 아침 일찍부터 서둘렀다. 핀란드 역시 IT 시스템이 잘 되어 있고 버스시간도 무척 잘 지켰다. 전날 주인 아주머니가 가르쳐 준대로 버스를 타고 중간에 갈아탔는데 모든 시간들이 정확히 맞았다.

실자 라인 터미널에 도착해 체크인하자 여권과 예약내용을 확인하고 조그마한 종이 카드를 건네주었다. 배 안에서 인터넷을 접속하려면 카드에 인쇄되어 있는 번호를 입력해야 한다. 보딩을 하고 배 안에 들어가면 마치 대형 호텔에 들어온 느낌이다. 5층짜리 객실과 여러 종류의 레스토랑, 면세점과 빠, 오락실 등 하루를 머물고 가기에 불편함이 없는 시설을 갖추고 있었다.

오후에 스웨덴의 수도 스톡홀름에 도착했다. '스톡'은 나무를 '홀름'이란 섬이나 배가 정박하는 도크를 뜻하는 말로 과거 '나무가 모이던 섬'에서 유래했다. 크루즈를 타고 투르쿠에서 스톡홀름까지 11시간이 걸렸다.

스웨덴

아내가 다리에 화상을 입었다

스톡홀름에서 묵을 숙소가 많지가 않아 어렵게 숙소를 예약했었다. 주방이 있다고 하여 아내는 고기를 사다가 스테이크라도 해먹을 생각으로 기대에 부풀어 있었다. 하지만 도착해서 봤더니 실제로는 사용할 수가 없었다. 여름 방학 때 캠핑 족들이 야영을 하면서 조리해 먹을 수 있는 간이 시설이라 다른 건물에 있고 식기도 오랫동안 사용하지를 않아서 아내가 보고는 지저분하다고 기겁을 한다. 체크인하고 방을 확인했더니 무척 작아 둘이서 비켜갈 수 없을 정도였다. 기대와 달라 프런트에 이의를 제기했지만 지저분하거나 규모가 작을 뿐이지 틀린 것은 아니라며 원하면 취소해도 된다고 한다. 하지만 이 밤에 또 어디 가서 다시 숙소를 구할까 싶어 그냥 묵기로 했다.

아침에 커피를 마실 생각으로 좁아터진 방에서 임시로 간이 테이블을 만들고 앉았다. 그러다 삐끗 테이블을 건드리는 바람에 방금 끓인 물이 양반 자세로 앉아 있는 아내의 발목과 무릎 안쪽 약한 살 사이로 쏟아졌다. 순간 급한 대로 화장실에 가서 찬물 샤워기로 열을 식히고 밖으로 뛰어나가 병원이나 약국을 찾아 헤매다가 십자가 표시가 있어 달려가봤더니 약국이다. 영어가 통하지 않아 텔레비전에서 아이와 아버지가 낱말 맞추기 게임을 하듯 상황 설명을 하자, 고개를 끄덕이며 주는 불 그림이 그려진 연고와 거즈, 붕대를 받아 들고 뛰어가 아내의 화상 부위에 약을 바르고 하루 종일 쉬기로 했다. 순식간에 엎질러진 물에 거의 한 달간 약을 바르며 고생을 했다. 여행에 지장을 줄까 봐 내색은 안 했겠지만 걸어 다니는 내내 얼마나 힘들었을까? 생각하니 가슴이 아프다. 그리고 다음부터 숙소를 예약할 때 좁은 방은 절대 사절하기로 했다.

여행 중에 생기는 머피의 법칙

마트에서 계산하려고 줄을 섰는데 하필이면 내가 선 줄만 느리고, 버스를 타고 다니다 시험이라 택시를 탔는데 하필이면 사고가 나고, 공부를 내내 열심히 하다가 설마 하고 넘긴 부분에서 시험 문제가 나오듯이 무슨 일이 잘 풀리지 않고 갈수록 꼬이기만 할 때 우리는 '머피의 법칙'을 이야기하곤 한다. 반대로 예기치 않았던 좋은 일이 연속 생기는 것을 '샐리의 법칙'이라고 한다.

여행을 하면서 머피의 법칙에 한번 빠지기 시작하면 무척 힘이 들고 짜증이 난다. 그리고 스트레스를 받는다. 그러나 '머피의 법칙'은 엄밀하게 말하면 원인에 대한 인과관계에 의해서 발생한 결과일 뿐 운명적인 것은 아니다. 마트에서 10개의 계산대 중에서 내가 선 줄이 늦어질 확률은 1/10에 불과한 것이지 머피라는 운명의 신이 나를 따라 다니는 것은 아니다.

스톡홀름에서는 아내가 화상을 입었지만 그만하기 다행이다. 물건을 사다가 카드결제가 이중 결제된 적도 있었지만 결국 현금으로 돌려받았다. 코펜하겐으로 가는 열차표를 예약하면서 공인인증서 때문에 애를 먹었지만 직접 역에 가서 구입했다. 첫날은 비가 무척 왔지만 다음 날은 활짝 개고 시원한 공기와 활동하기 좋은 가을 날씨였다. 스웨덴에서 여러 가지 일들이 있었지만 모든 것이 해피엔딩이다. 살아가면서 나는 '머피의 법칙'보다는 '샐리의 법칙'을 믿는다.

북유럽의 물가

코펜하겐은 보통 별 두세 개급 호텔 가격이 하룻밤에 20만 원이 모두 넘었다. 북유럽이 비싸다고는 하지만 러시아에 비해서는 4배 가격이다. 덴마크 다음 목적지는 독일의 함부르크인데 열차나 버스 예약도 쉽지가 않다. 방학 시즌이고 주말이라 좌석이 있어도 가격이 너무 높거나 아예 없었다. 유럽은 동일한 열차라도 날짜에 따라서 가격이 다르다. 연중으로 계산할 때 이번 주가 31주차인데 33주차까지는 학생들 방학 기간이라 그런지 비싸고 그 이후에는 상대적으로 저렴하다. 비용을 절감해 보려고 늦은 밤까지 여기저기 검색을 해봤지만 마음에 드는 게 없다. 하지만 아내는 별로 개의치 않았다. 코펜하겐에 도착해서 비

교적 싼 민박을 알아보고 독일로 가는 교통편도 현지에 가서 구하자고 간단히 결론을 낸다. 그래 항상 노력은 하되 여의치 않으면 복잡하게 생각하지 말고 심플하게 살자. 여행을 하면서 어떨 때는 길이 없어 보이지만 가보면 다 있지 않았던가?

저녁에는 낮에 봐 두었던 중국 뷔페식당에 가서 생선 초밥과 야채가 들어간 고기볶음을 실컷 먹었다. 오랜만에 먹고 싶었던 요리들을 한풀이라도 하듯이 먹었더니 거동이 불편할 정도였다. 먹는 것도 사람으로 태어나 느끼는 즐거움의 하나임을 다시금 확인한 기분이었다.

　다음날 중앙역 창구에 갔더니 코펜하겐으로 가는 티켓을 어렵지 않게 구했다. 어젯밤 인터넷으로 예약해 보려고 애를 써봤지만 별거 아니었다. 아내의 말처럼 너무 어렵게 살 필요 없는 것 같다. 스톡홀름에서 코펜하겐으로 가는 밤 열차를 기다리면서, 중앙역 앞 바닷가를 갔더니 아주 좋다. 북유럽이지만 여름이라 기온이 20도 전후 정도 되는 것 같았다. 선선함이 느껴지는 바람에 스톡홀름의 석양이 서서히 물들고 있었다.

3.
특색 있는 음식과 사람들, 중유럽 여행

독일

열차가 배 속으로

 코펜하겐에서 출발한 열차가 1시간 반쯤 갔을까? 뭐라고 안내 방송이 나오자 사람들이 주섬주섬 손가방을 챙기고 나왔다. 그리고 조금 있다가 열차가 배 속으로 들어가기 시작했다. 열차가 멈추자 사람들이 내려서 위층으로 올라갔다. 그곳에는 TAX FREE라고 쓰여 있는 대형 매장에 화장품과 양주 같은 물건들이 가득하고 한쪽에는 레스토랑이 있는 것이 여느 공항 출국장과 똑같았다. 지금 덴마크와 독일의 국경을 지금 통과하고 있단다. 한 칸 더 계단을 오르자 파란 하늘과 바다, 벤치들이 있어 비행기를 타고 갈 때는 절대 느낄 수 없는 자유로움과 시원함이 있었다.

 함브르그로 가는 열차 속에 같이 앉은 사람들과 인사를 나누었다. 스웨덴과 덴마크를 3주간 여행하고 집으로 돌아가고 있는 '코이겔'이라는 독일 대학생, 그리고 나이지리아가 집이라는 30대 중반의 '케네디'라는 친구다. 미국의 대통령 이름하고 똑같다고 했더니, 맞다며 웃는다. 인사를 나누자마자 어색한 분위기를 깨기 위해 여자들이 제일 싫어하지만 남자들에게는 편한 축구 이야기를 꺼냈다.

"코이겔, 브라질 월드컵에서 독일이 우승한 것을 축하해."

"땡~큐"를 연발하며 무척 좋아한다. 다음에는 케네디에게

"아프리카에서 나이지리아가 축구를 제일 잘하더라!"

"예전에는 잘했는데 요즘에는 형편없어졌어."

축구 이야기를 시작으로 좁은 열차 속에서 아시아와, 유럽, 아프리카의 대표 선수들이 서로가 짧은 영어지만 손발이 동원되면서 이야기가 재미있게 진행되었다. 더구나 면세점에서 덴마크 산 '칼스버그' 맥주를 돌렸더니 만사형통이다. 축구 이야기가 얼추 끝나자 다음에는 맥주 이야기를 꺼냈다. 코이겔에게

"독일에 가면 꼭 추천하고 싶은 맥주는 뭐지?"

"종류가 많지만 나는 '나이카'를 제일 좋아해요. 그리고 맥주와 함께 '보크부르스트' 소시지도 먹어 보세요."

나이지리아에서는 '지니스'라는 맥주를 가장 많이 먹는다고 한다. 남자들은 역시 축구와 맥주 이야기를 하면 모두 한마디씩 할 줄 안다. 차창 밖에는 한창 수확철인 옥수수와 밀이 가득하다. 그러는 사이 시차가 한 시간 당겨져서 함부르크 역에 도착하는 시간이 더 빨라졌다. 이제 맥주와 소시지의 나라 독일이다.

독일 함부르그에서

함부르그 항에 해저터널이 있다. 우리나라 통영에 있는 것보다는 규모도 크고 길이도 훨씬 길다. 'FISCH'라고 적힌 레스토랑에 갔더니 빵에 고기 대신 생선이나 연어를 넣은 음식들이었다. 한참을 고른 끝에 빵 속에 푸른 생선이 들어 있는 것을 선택했는데 그 아래에 '비스마르크 바게트'라고 쓰여 있다. 유명한 독일 재상 '비스마르크'가 좋아했던 음식인가? 하며 짜고 비린 맛을 걱정했지만 의외로 담백하고 맛이 있다. 바게뜨 빵에 청어 초절임과 양파, 파슬리, 오이 피클이 들어 있다. 청어 절임을 메뉴에 적힌 대로 '헤링(Hering)'이라고 읽었더니 옆에 있던 노인이 웃으며 '히링'이라고 말하며 발음 교정을 해주었다. 외형상 햄버거와 유사했지만 패티가 소고기 대신에 청어 절임이다.

네덜란드

암스테르담에서 만난 고등학교 동창

암스테르담에 도착하자 고등학교 동창 '허명'이 차를 가지고 버스터미널에 마중 나와 있었다. 학생 때 모임의 회장을 맡고 있던 명이와 가깝게 지냈고 그 모임에서 아내를 처음 만났었다. 그러나 대학에 들어가고 직장 생활을 하면서 해외 근무를 주로 했던 명이와는 자주 만날 수 없었다. 요즘도 연말 휴가나 나와야 한 번씩 보는 정도다. 세계 일주를 하는 동안 유럽에 오게 되면 꼭 왔다 가라고 하지만 해외 생활하는 친구 부인이 부담스러워 할까 봐 잠시 망설였다. 멀리서 왔다가 그냥 가면 서운할까 봐 저녁이나 한번 같이 하려고 연락을 했더니 호텔비 낭비하지 말고 자기네 집에서 꼭 묵어가라고 신신 당부를 했다.

러시아 여행을 하고 핀란드, 스웨덴, 덴마크, 독일을 지나 네덜란드 암스테르담에서 동창을 만났다. 먼 나라 그것도 지구

반대편에서 친구를 만나니 반갑기 그지없어 서로 보자마자 얼싸 안았다. 친구가 물었다.

"뭐가 제일 먹고 싶니?"

"얼큰한 김치찌개에 소주!"

일단 친구 집에 짐을 놓고 한국 음식점에 가서 소맥과 오징어 볶음, 김치찌개로 저녁을 먹었다. 오랜만에 먹는 한국 음식이라 입에 착착 달라붙는다. 얼큰하게 올라온 뒤 집에 들어가 친구가 맛있다며 미리 준비해 둔 벨기에 맥주를 모두 비웠다. 그날 밤 오랜 여행에 대한 긴장감과 피로도 모두 내려놓고 마시다 정신 줄까지 편하게 내려놓았다. 다음 날 아침, 친구는 이미 출근하고 부인은 친정어머니 일로 이틀 전 한국에 가고 없었다. 하지만 우리 부부가 오면 먹을 양념 불고기랑 밑반찬도 만들어서 냉장고에 가득 채워 놓고 갔다.

나이가 들어가면서 좋아하는 음식이 몇 가지씩 있기 마련이다. 나는 이따금 무료하고 속이 느글거릴 때는 묵은지에 소시지와 햄을 듬뿍, 거기에 모 회사의 매운 라면을 넣고 얼큰하게 끓인다. 그리고 후후 불어가며 땀이 나면 손으로 그냥 닦으면서, 거기에 소주까지 한잔 걸치면 이 세상이 지상 낙원이요 무릉도원이 따로 없다. 바로 친구 집이 무릉도원이었다.

먼 타국에서 며칠간 쉬면서 피로감도 털어내고 방전되었던 에너지가 다시 완전 충전됐다. 친구 집을 나설 때 김치를 포함해 부인이 준비해 준 밑반찬까지 바리바리 한 보따리 싸줬다. 아내는 친구 집이 아니라 친정에 왔다가는 기분이라고 했다. 유럽 여행 중에 몸이 아프거나 한식이 먹고 싶으면 언제라도 다시 들르라는 배웅을 받으며 벨기에로 향했다. 지구 반대편에서 따뜻하고 진심 어린 친구의 정을 느끼면서…!

명아, 너무 반갑고 고마웠어!

벨기에

브뤼셀의 중심 그랑플라스

오전에 브뤼셀에서 런던, 런던에서 파리로 가는 티켓 구입을 마무리했더니 마음도 홀가분해졌다. 이제는 벨기에를 느껴 보기 위해 지하철을 타고 그랑플라스로 갔다. 역에서 나오자 허기가 밀려와 벨기에에서 유명하다는 홍합요리 집을 찾았다. 이곳에서 '몰'이라고 발음하는 요리를 주문했더니 밥 대신 감자튀김은 서비스로 따라 나온다. 벨기에는 바다를 접하고 있어 해산물이 풍부한데 그중에서도 홍합 요리로 유명하다. 손질한 홍합에 양파와 파슬리, 맥주를 넣고 끓였다. 국물은 바닥에 조금 있는 것으로 보아 찜에 가깝다. 옛날 겨울에 포장마차에서 먹던 홍합탕 같은 느낌이지만 유럽에서는 색다른 느낌이 든다.

그랑플라스는 유럽의 다른 도시와 달리 광장을 중심으로 시 청사와 왕의 집이 서로 마주 보고 있지만 이야기 소리가 들릴 정도로 가깝고 아담했다. 광장을 온통 꽃으로 장식하는 축제 준비가 한창이었다. 사람들이 많이 가고 있는 골목길을 따라가자 관광객들이 와플을 먹고 있다. 그리고 그 건물 한쪽 모퉁이에 어린 아이가 오줌을 싸는 조그만 동상이 있다. 이 동상은 철마다 옷을 갈아입는 것으로도 유명한데 프랑스에서 약탈해 갔다가 돌려보내면서 귀족의 옷을 입혀 보낸 이후부터 시작되었다고 한다. 국빈들이 벨기에를 방문할 때 이 동상의 의상을 선물로 가져오는 것으로도 유명하다. 사람들이 몰려 사진을 찍지 않았다면 그것이 그렇게 유명한 '오줌싸개 동상'일 줄이야 생각도 못했다. 우리나라 갈비 집 정원에서 하나같이 오줌을 싸고 있던 분수들의 원조를 만난 것이다.

벨기에 맥주

독일이 맥주로 유명하지만 벨기에 역시 둘째 가라면 서러워한단다. '그랑 플라스'에 가면 맥주 선물 집이 즐비하다. 호가든, 스텔라, 아스트라, 중세 수도원에서 만드는 비법이 전해져 왔다고 하는 '레프(Leff)' 맥주, 현지인이 추천하는 까밀레르 등 400가지나 된다고 한다. 그중에서 내게는 '까밀레르'가 가장 입맛에 맞았다.

붕어빵 같은 벨기에 와플

추운 겨울 날, 퇴근길에 붕어빵 몇 개 사가지고 집에 들어가 아이와 아내에게 내밀면 무척 좋아했던 기억이 생생하다. 우리나라에 붕어빵이 있다면 일본에는 다이야끼가 있고, 벨기에는 벌집이라는 말에서 유래했다는 와플이 있다. 공통점은 우선 묽은 밀가루 반죽이 기본이라는 것이고 다음으로 철판으로 된 틀을 이용해 굽는다는 것이다. 다이야끼의 틀 모양은 일본인들이 가장 좋아한다는 도미의 형상이고 우리나라 사람들은 도미보다 더 친숙한 붕어 모양을 하고 있다. 벨기에 와플은 왜 벌집 모양일까?

벌집이 바로 달콤한 꿀을 연상시키기 때문인 듯하다. 또 하나 공통점을 추가한다면 모두 밥이나 빵과 같은 주식이 아니라 디저트나 간식이라는 점  이다. 그러니 그들이 선호하거나 가장 대중적인 모습으로 변해 가는 듯하다. 역사적으로 와플이 가장 먼저 등장하지만 음식이란 좋아하는 사람이 많아지면 어디로든 퍼지면서 그 지역의 특색에 맞게 재료와 모양은 변하지만 마음을 따뜻하게 이어주는 본질은 같다는 생각이 든다.

영국

런던에서 맞은 결혼기념일

런던에서 결혼기념일을 맞았다. 주방을 사용할 수 있는 숙소를 예약했었다. 돼지고기 삼겹살을 사다가 한국에서 출발할 때 가져 온 고추장으로 제육볶음을 만들고, 상추와 생마늘을 준비한 뒤, 된장국까지 끓였더니 푸짐했다. 우리 부부가 만나 지금까지 살아온 날들을 이야기하며 런던에 왔으니 축하주로 위스키도 준비했다. 마음이 더 여유로워졌다. 부부가 모두 건강하고 서로가 위하는 마음만 갖는다면 앞으로 살아갈 날들이 더 즐거울 것 같은 생각이 든다. 늘 결혼기념일이 되면 함께 지나온 날들을 떠올리며, 아내에 대한 고마운 마음이 앞선다.

버버리의 트렌치코트

런던 시내 피카딜리 광장에서 옥스포드 방향으로 가다가 보면 영국의 대표 브랜드 버버리 직매장이 있다. 늦가을 낙엽이 떨어지고 찬바람이 불기 시작할 때면 한국 남자들 중에서 바바리코트를 입어 보지 않은 사람이 없을 것이다. 시대가 흘러가면서 유행과 패션은 변하고 새로운 상품들이 쏟아져 나오지만, 그 명성은 지금까지 한결같다. 우리가 말하는 바바리코트는 영국의 '토마스 버버리'라는 사람이 만든 트렌치코트(trench coat)에서 유래했다.

'트렌치'라는 말은 전쟁터에서 사람이 들어가 숨는 '참호'라는 뜻이다. 1차 세계대전 때 추운 겨울 혹독한 비바람을 피할 수 있도록 고안되어 영국 군인들이 전쟁터에서 입었던 옷이었다. 그 후로 사람들은 버버리가 고안한 트렌치코트를 줄여서 '버버리 코트'라고 불렀다. 전쟁이 끝나고 영국 육군 장교의 유니폼으로 공식 지정되었고 전 세계적으로 패션의 한 아이템으로 자리잡았다.

트렌치코트는 레인코트이면서 군인들이 입었던 코트라는 점에서 몇 가지 특징이 있다. 우선 어깨에는 계급장을 달 수 있는 견장이 있고, 비바람이 불 때 단추를 끼워 목을 가릴 수 있는 더블칼라, 소매와 허리에는 바람을 막을 수 있는 벨트가 있는 것이 특징이다. 영화 '애수'에서 로버트 테일러가 트렌치코트를 입고 비가 내리는 워털루 다리에서 연인 비비안 리를 포옹하는 장면을 기억하는 사람이 많을 것이다. 그리고 형사 콜롬보에서 한쪽 눈이 작은 주인공 형사가 항상 입고 다니던 코트

역시 트렌치코트다.

검은색 바바리코트를 즐겨 입었던 친구

여수에 있는 중학교에서 국어 교사를 하고 있는 친구가 있다. 그 친구는 시골 읍내에 있는 고등학교를 졸업했다. 졸업생 중에서 4년제 대학에 합격했다고 학교에 현수막이 붙고 면장님이 유지들과 함께 성금을 모아 장학금까지 받는 과분하면서도 성대한 대접을 받았다고 한다. 방학이 되어 고향에 내려가 어르신들을 보면 예의를 깍듯이 하고 항상 조심하고 다녀야 했다. 국문과에 다니면서 신춘문예에 도전한다며 술을 마시면 그동안 썼다는 시를 읊거나 노래를 부르곤 했다. 그 당시 대학생들이 다 그렇듯 초겨울이 되면 이듬해 봄까지 속에 입는 옷의 두께가 달라질 뿐 겉옷은 바바리코트 하나였다. 그런데 특이하게도 한겨울 눈이 내리면 그 친구는 시인의 고독을 느껴 봐야 한다며 검은 바바리를 입고 눈밭을 쏘다니던 기억이 생생하다.

5.18 광주민주화운동이 나고 두 해가 지나 우리는 군대에 갔었고 우연히도 같은 부대에 근무했었다. 제대를 하고 서로 결혼해 아이들이 커 가면서도 방학이면 가족들이 함께 어울리곤 했다. 그러던 친구가 며칠 전 전화가 왔다.

"어이, 친구! 나 이제 자유의 몸일세. 허허허"
"왜, 무슨 일이라도 있는가?"

"이번에 명퇴해 부렀네!"

"친구야, 잘해 부렀네!"

"앞으로는 스트레스 받을 일도 없고 재미있게 노는 일만 남았네?"

이번에 조기 명예퇴직을 신청해 자유의 몸이 되었단다. 까만 바바리 코트를 입고 시를 쓴다고 고민하던 대학생 친구가 명예퇴직을 할 만큼 세월이 흘러가 버렸다. 중년이 되어 퇴직한다는 것은 그 친구 말처럼 자유의 몸이 된 것이다. 아무 탈 없이 여기까지 온 것만으로도 성공한 것이다. 그러니 축하할 일이다. 앞으로는 서로 남는 게 시간인 만큼 여유 있게 놀아 봐야겠다. 런던 버버리 매장에서 만난 트렌치코트를 보고 문득 그 친구가 생각이 났다.

 **프랑스**

구파발 쑥기가 파리에서

런던에서 야간 버스를 타고 아침 6시 반 파리 버스터미널에 도착했다. 핸드폰에 있는 내비게이션 기능이 작동되어 현 위치가 표시되어 나타났다. 새
로운 도시에 도착하면 숙소를 찾아갈 때 주로 뒤를 따르던 아내가 말한다.

"파리에서는 내가 숙소를 찾아가 볼까?"

"오케이, 잘 부탁합니다."

핸드폰을 들고 길 찾기 편하도록 아내의 작은 가방을 내가 하나 더 맡고 뒤를 따르기로 했다. 세계 일주를 하면서 아내는 간이 많이 커져 모험을 즐기기 시작했다. 소극적이고 불평만 하는 것보다는 백 번 좋은 일이다. 버스터미널에서 이미 예약한 숙소 위치를 확인해 보더니 지하철을 타고 가다가 중간에 환승까지 해가면서 한 번의 착오나 실수도 없이 예약한 숙소를 찾아갔다. 통신과 지도 기술이 발달해 지하철 노선과 타는 방향까지 표시되어 나타났다. 길을 걷다가 사거리에서는 주요 건물을 보거나 몇 미터를 가보면서 방향을 잡았다. 우리 배여사가 핸드폰을 보면서 길을 찾아가는 방법을 이제는 완전히 이해했다. 생전 처음 와보는 낯선 프랑스 파리에서 길을 혼자서 찾아갈 줄 안다. 이런 사람을 누가 60살이 다 된 아줌마라고 할 수 있겠는가?

"대단해, 구파발 쑤기가 이제는 파리 골목을 누비고 다니는 구만!"이라고 하자

"나 진짜 출세했지?" 하며 아내는 좋아한다.

아내는 어렸을 때 서울에서 가까운 구파발에서 자랐다. 그곳에는 북한산에서 맑은 물이 흘러 내려오는 개천이 있어 여름철에는 친구들과 물놀이를 하며 놀았다고 한다. 그리고 어릴 적 이름을 은숙이라고 불렀다고 해서 이따금 옛 이야기를 할 때는 "구파발 쑤기"라고 부른다. 사람은 나이를 먹으면서 결코 돌아오지 않는 것 다섯 가지가 있단다. 바로 "입 밖에 낸 말, 쏴버린 화살, 흘러간 시간, 놓쳐 버린 기회, 돌아가신 부모님"이라고 한다. 우린 어렸을 적 추억을 자주 이야기하며 산다. 팬티만 입고 물놀이하던 우리 구파발 쑤기가 어느덧 중년이다. 아내는 구파발 시절 이야기만 하면 좋아한다. 결코 돌아오지 않을 흘러간 시간들이 그리워서인지도 모르겠다. 그것이 우리 시대에 살고 있는 모든 중년들의 공통점이 아닐까 싶다.

여행을 하면서 변한 식습관과 생각

우리 부부도 여행을 하면서 식성이 많이 변해 가고 있다. 변했다기보다는 음식을 여행 상황에 맞게 수용하고 적응하는 능력이 향상되고 있다는 표현이 더 맞을 것 같다. 세계여행을 출발하기 전만 해도 밥에 김치는 기본이고 간단한 찌개까지 곁들여야 한 끼를 제대로 먹었다고 생각했다. 회사 다닐 때는 어쩌다 야근을 할 일이 있으면 젊은 직원들은 좋아하는 피자나 햄버거를 시켜 먹으라 하고 고참 직원들과 조용히 밖에 나가 자장면이나 짬뽕을 먹고 들어오곤 했었다. 피자 같은 음식을 먹으면 배가 더부룩하고 속이 편치 않아서였다. 우리가 젊었을 때는 대부분 중국음식이나 김치찌개, 아니면 설렁탕이 주 메뉴였지만 이제는 음식 문화도 세월을 따라 많이 바뀌었다.

여행 중에는 한식이 특식이다. 가는 도시마다 한국 식당을 찾아다니기도 불편하고 현지 음식들에 비해 가격도 비싼 편이다. 그렇다고 몇 달 동안 먹을 음식을 가방에 싸가지고 다닐 수도 없다. 그러나 어떤 음식이 되었든 하루 세끼는 매일 먹어야 산다. 남미 여행 중에 가장 흔하게 접하게 되는 음식은 감자나 옥수수는 기본이고 고기류는 닭고기가 대부분이다. 독일을 포함한 북유럽은 감자튀김과 소시지, 거기에 맥주 한 병이 가장 많이 먹는 점심 중에 하나다. 한국에서는 감자튀김이야 간식 정도로 생각할 뿐 한 끼 식사로 인정하지 않았지만 실제로 먹고 나면 오후 내내 든든했다. 익숙한 음식들을 바로 옆에 놓고 못 먹게

한다면 힘들겠지만 오히려 현지 음식을 먹어 보는 것도 기회고 재미라고 생각하면 즐겁다. 길게 여행하다 보니 이제는 김치나 찌개가 없어도 되고, 하루에 꼭 세 끼를 먹어야 한다는 고정 관념도 없어졌다.

 사실 한식은 준비나 조리 과정에서부터 설거지까지 손이 많이 가는 음식이다. 하루에 한 끼 정도는 건강과 영양을 생각해서 골고루 잘 차려진 음식을 먹는 것이 좋겠지만 나머지는 간단히 먹는 것도 고려해 봐야겠다. 직장 생활하면서야 이미 정해진 시간과 생활의 흐름이 있어 어쩔 수 없겠지만 은퇴하고 나서야 하루에 두 끼 식사로 조절해 볼 필요가 있어 보인다. 여행은 오랫동안 머리나 몸에 배어 자리 잡고 있었던 고정 관념도 깨트려 가는 것 같다. 고정관념이 깨지는 것이 많을수록 몸과 마음이 더 자유로워질 것 같다는 생각이 든다.

피시 앤 칩스

샹젤리제 거리에서 개선문 야경을 보고 호텔로 들어오면서 점심 때 줄을 서있던 식당을 지나게 되었다. 간판에 '피시 앤 칩스'라는 표현이 생선과 감자튀김이라는 뜻이고 "스페셜 세일 5€"라 쓰여 있다. 우리 배여사가 걸음을 멈추더니 나를 쳐다본다. 순간 요즘 광고에 나오는 문구처럼 느낌이 바로 '쓰윽 SSG' 온다. 낮에 줄을 많이 섰던 집이니 맛은 보장된 것이고, 가격도 스페셜 세일이니 저렴할 뿐만 아니라, 슈퍼에 가서 맥주까지 사가지고 숙소에 들어가 마시면 딱이겠다는 뜻이다. 벌써 30년 이상을 같이 살아왔으니 척 하면 삼천리요, 퍽 하면 호박 떨어지는 소리다. 사는 김에 여유 있게 손가락 두 개를 펴 보이며 '피시 앤 칩스, 투'라고 주문했다. 조리를 해야 하니 잠시 앉아서 기다리란다. 잘 손질해 놓은 농어에 튀김가루를 무쳐서 깔끔하게 튀겨 내고, 한쪽에서는 감자 요리에 싱싱한 샐러드까지 무치고 있다. 이렇게 저렴한 가격에 횡재했으니 기다리는 시간이 절대 아깝지 않았다. 숙소에 들어가 샤워를 하고 맥주까지 한잔할 생각하니 벌써 군침이 돈다.

젊은 친구들이 친절할 뿐만 아니라 주방도 깨끗하고 열심이다. 드디어 음식이 포장까지 마치고 계산서를 내미는데 이상하게도 가격이 생각보다 많다. 이유를 물었더니 생선 튀김은 가격이 별도라고 한다. 우째, 저런 가격에 그렇게 푸짐할 거라고 기대한 것은 지나친 욕심이었다. 좀 더 신중하지 못한 벌로 부담해야 하는 가격이라고 아내는 생각하자고 한다. 많이 너그러워졌다. 가격을 떠나서 오랜만에 신선한 생선튀김을 먹을 수 있으니 그나마 다행이다. 세상에는 일반적으로 생각하는 가격들이 있다. 지나치게 싼 것은 뭔가 문제가 있거나 착오가 있을 확률이 높다. 횡재가 아니라고 실망할 것이 아니라 오히려 그것이 지극히 정상적인 것이며, 내가 헛된 요행을 바란 것은 아닌지 싶다.

박물관의 모나리자 – 오디오를 어떻게 켜지?

루브르 박물관에 가기로 했다. 티켓을 사고 한국어로 미술품을 설명해 주는 오디오를 빌렸는데 막상 그림 앞에서 이리저리 아무리 해봐도 작동이 되지 않아 나중에는 던져 버릴 뻔했다. 하는 수 없이 그냥 한참을 들고만 다니다가 열이 진정이 되고 나서 중간에 다시 한번 해봤더니 간단하게 작동되었다. 남들이 다 쓰는 평범한 오디오 하나 작동시킬 줄 모르는 구세대로 벌써 전락해 버린 것인가?

오래 전에 들었던 일화가 생각이 났다. 프랑스에 연세가 110세가 넘는 할머니가 있었는데, 방에 있는 전구를 켜고 *끄*기 편하도록 버튼 식으로 바꿔 드리고 충분히 설명까지 해드렸다. 그러나 아무리 설명을 하고 시범을 보이더라도 버튼을 누를 줄 몰라 하더니 나중에는 귀찮아서 아예 불을 끈 상태로 사시더란다. 아들이 하는 수 없이 돌리는 옛 방식

으로 다시 바꾸자 좋아하며 잘 사용했다고 한다.

나이를 먹어 갈수록 새로운 방식을 받아들이기보다는 예전부터 사용해 왔던 방식에서 멈춰 버리기는 것 같다. 남자 아이들이라면 대부분, 자라면서 시계는 어떻게 돌아가고 라디오는 왜 소리가 나는지 궁금해 뜯어보다가 결국은 고장을 내고는 혼나 본 경험이 있을 것이다. 뭔가 궁금함이 많아야 새로운 것을 받아들이고 발전하는데 요즘은 잠깐 만져 보다가는 뭐가 작동이 안 된다고 열을 받고 스스로 화를 낸다. 중년이 되면 걸리는 병인가보다.

모나리자 앞에는 수많은 사람들이 장사진을 이루고 있다. 사진으로는 수없이 봤는데 사람들이 워낙 많고 유리 박스 속에 있어 자세히 볼 수도 없다. 모나리자는 1502년경 레오나르도 다빈치가 피렌체의 부호 델 조콘다의 아내를 그린 작품으로 '모나'는 부인에게 쓰는 존칭이고 '리자'는 그림 속 부인의 이름이라고 오디오에서 설명하고 있다. 아직까지는 오디오를 작동시킬 수 있었는데 앞으로 갈수록 기계치가 되어 간다는 것이 문제다.

 스페인

바르셀로나로 가는 야간버스

 서울은 가장 더운 8월이지만, 파리는 아침저녁으로 긴팔 옷을 입을 정도로 선선하고 날씨가 좋았다. 스페인으로 출발하는 날 축복이라도 하듯이 비가 내렸다. 파리에서 바르셀로나까지 버스로 15시간을 가야 한다. 지루함보다는 석양과 일출을 보면서 여유 있게 간다고 생각하니 마음이 더 편했다.

 버스터미널에 조금 일찍 도착해 여유를 부렸다. 17시에 출발하여 프랑스 알프스의 관문 도시인 리용을 거쳐 가는 버스다. 평일이라 그런지 좌석이 충분하고 여유가 있다. 세느 강변 도로를 지나 파리 시내를 벗어나자 푸른 초원과 유럽식 주택들이 듬성듬성 보이는 한적한 전원마을에 석양이 물들었다. 버스 여행을 하면서 느낄 수 있는 여유로움이다.

 저녁이 되자 휴게소에서 40분간 쉬어 간다는 안내 방송이 나왔다. 프랑스인들의 식사에서 빠지지 않는 와인 한잔도 곁들이며 여유 있게 저녁을 먹었다. 유럽의 장거리 버스들은 식사 때가 되면 운전기사와 손님 모두 충분히 쉬었다 간다. 빨리 빨리에 익숙해 있는 우리에게는 서로를 배려한다는 의미로 느껴진다. 가장 멀다는 서울에서 부산까지도 5시간 이내면 도착을 하니, 우리에게는 생소한 문화다.

밤새 달려온 버스가 아침 7시 반, 어느 터미널에 도착하더니 모두 내리고 차 속에는 우리 부부 둘만 달랑 남았다. 그러더니 운전기사가 우리를 쳐다보고 웃으며 말했다.

"손님, 여기가 종점인데요!"
"네? 그럼 여기가 바르셀로나입니까?"
"네, 맞습니다."
"진짜요?"

우리는 바르셀로나에 오전 10시에 도착하는 것으로 알고 있었다. 2시간 반이나 빨리 왔다면 무지하게 과속을 했어야 할 텐데 그러지도 않았다. 예약했던 티켓을 봤더니 도착 예정시간이 아침 7시 30분이다. 그렇다면 버스는 예정대로 정확히 온 것이다. 앗, 저번에 예약하려던 버스가 도착하는 시간과 착각을 했다. 집 사람이 옆에서 "이제 당신도 한물갔네!" 하며 웃는다.

"아직 안 가고 여기 있거든!"이라고 아내에게 응수했다.

나이가 들어 갈수록 한번 머릿속에 뭐가 들어가 있으면 바로 업데이트가 되지 않고 그냥 앉아 있어 버리는 것이 문제다. 크고 중요하다는 것은 잘 챙기지만 소소한 것들은 큰 것에 가려 잊어버리기 십상이다. 모든 일들이 물 흐르듯 연결되고 순환이 잘 되어야 하는데 이따금 멈추거나 잊어버리고 갈수록 순발력이 떨어지는 것 같다. 어쨌든 중요한 것은 우리 부부가 바르셀로나에 잘 도착했고 예상보다 일찍 왔으니 더 잘됐다고 생각하면 모든 것이 행복할 뿐이다.

바르셀로나는 파리에 비해 무척 무더웠다. 하루 밤사이에 봄에서 한여름으로 바뀐 느낌이다. 숙소에 도착했지만 우리 배여사는 생각했던 것보다 마음에 들지 않는다고 실망이 이만 저만이 아니다. 파리에서는 호텔에 묵으며 계속 사먹었더니 직접 만든 음식이 먹고 싶을 때가 되었다. 바르셀로나로 출발하기 전 호텔 예약사이트에서 주방에다가 발코니까지 딸린 숙소를 예약했다.

그러나 막상 와보니 갑갑한 방에다가 주방은 따로 떨어져 있고 무척 좁다. 시원한 전망을 예상하고 발코니가 있을 문을 열어 보자 바로 맞은편 방에서 검은 얼굴을 한 젊은 친구가 반갑게 아는 척을 한다. 숙소

리마저 들릴 만큼 가깝다. 배여사가 먹고 자는 것을 맡아서 해오면서 숙소에 대하여는 이렇게 짜증을 낸 일은 여태껏 없었다. 영어가 통하지 않고 스페인어만 할 줄 아는 주인 여자와 싸워 봐야 서로가 답답하기만 하다.

숙소 주인에게 물어 가까운 대형 슈퍼에 갔는데 물가가 엄청 싸다. 현지인들이 많이 사가는 와인 한 병에 2.5유로, 싱싱해 보이는 돼지고기 팩 하나가 2유로다. 런던과 파리에 비해 여기 물가는 반값도 안 된다. 야간 버스를 타고 왔던 피곤과 마음에 들지 않던 숙소 때문에 짜증이 나있던 우리 배여사의 눈이 반짝이고 생기가 돈다. 신선하고 풍부한 먹거리에 가격까지 파격적이니 신나지 않을 가정주부가 어디 있겠는가? 쌀을 사서 밥을 하고 돼지고기를 볶아서 상추쌈에 다가, 소주가 없는 대신에 와인을 오랜만에 실컷 먹었더니 천국이 따로 없다. 세상만사 모두 새옹지마다. 마음에 들지 않는다고 너무 짜증 낼 필요도 없고 나쁜 것이 있으면 좋은 것도 있기 마련이다. 산다는 게 다 그런 거 아니겠는가?

바르셀로네타 해변과 사그리다 파밀리아 성당

바르셀로나는 지중해가 접해 있는 스페인에서 가장 큰 항구 도시다. 사람들은 바르셀로나를 눈부시게 푸른 지중해, 뜨거운 태양, 붉은 와인, 신선한 해물과 과일, 예술의 도시라고 한다.

시내 어디서나 지하철역 몇 정거장이면 지중해의 바다다. 한 낮이라 햇볕이 무척 뜨거워 우리 같으면 파라솔 그늘로 들어가야 하지만 여기 사람들은 아무렇지도 않은 듯 햇볕을 즐기고 있다. 지중해는 작렬하는 태양과 바다는 에메랄드 색 그 자체다.

사그리다 파밀리아 성당(sagrada familla)은 바르셀로나를 상징하는 로마 카톨릭의 성당으로 건축의 시인 '가우디'가 1882년부터 짓기 시작해 40여 년이 지난 뒤 일부만을 완성하고 교통사고로 숨졌다. 이후 그가 사망한 지 100년이 지난 2026년 완공을 목표로 지금까지 짓고 있다. 사그리다 파밀리아는 '성 가족'이라는 말로 예수와 마리아, 그리고 요셉을 의미해 붙여진 이름이다. 성당 건물의 주 출입구를 파사드라고 하는데 이 성당에는 예수의 탄생과 수난, 영광을 뜻하는 3개의 파사드가 있다. 각 파사드에는 옥수수 모양처럼 생긴 4개씩의 종탑을 세워 예수의 12제자를 표현하고 예수와 성모 마리아에게 바치는 6개를 포함해 총 18개의 탑이 있다. 공사가 완공될 경우 예수 그리스도를 상징하는 중앙 돔은 170m이다.

빠에야, 하몽, 판콘 토마테, 판초 마놀로

스페인을 포함해 지중해 연안에 있는 나라들은 무척 더워 오후 1시부터 3시까지는 가게 문을 닫는다. 바로 점심을 먹고 낮잠을 자는 시에스타(Sieasta)라는 문화가 오래전부터 내려오고 있기 때문이다. 다시 오후 4시에서 8시까지 일을 하고 저녁은 9시를 전후에 먹기 때문에 오전과 오후 중간에 간식을 먹어 하루에 5끼를 먹는 습관이 있다.

스페인은 우리나라와 같이 3면이 바다에 접해 있어 해산물이 풍부하다. 흔히 해물 볶음밥이라고 하는 '빠에야'는 원래 넓은 프라이팬이나 냄비를 뜻하는 말이다. 농부들이 벌판에서 일을 하다가 넓은 팬을 걸어 놓고 쉽게 구할 수 있는 고기나 해산물을 볶은 다음, 쌀과 카레같이 노란 색깔의 샤프란을 넣고 익힌 음식으로 우리의 입맛에도 안성맞춤이다.

하몽(Jamon)은 돼지 뒷다리와 넓적다리부분을 통째로 잘라 소금에 절인 다음, 그늘에서 6개월~2년 숙성시킨 생 햄이다. 그 중에서도 포르투갈과 국경을 맞대고 있는 산악지대에서 흑 돼지를 방목해 도토리를 먹고 자라 근육이 잘 발달한 것이 유명하며 스페인을 대표하는 음식 중에 하나이다. 서늘하고 건조한 곳에서 잘 숙성된 하몽을 얇게 슬라이스하여 와인과 함께 생으로 먹기도 하고 빵에 곁들이기도 한다.

그리고 바게트 빵에 생 토마토를 갈아 넣고 올리브를 발라 구운 '판콘 토마테'는 여행을 마치고 집에 가서도 꼭 다시 해 먹고 싶은 음식이다. 그리고 '판쵸 마놀로(pinxo manolo)'는 빵에 하몽을 얹은 요리다.

스페인 노인들의 돌보미

스페인은 1492년 콜럼버스가 신대륙을 발견한 이후 1800년대까지 약 300년 동안 멕시코를 포함한 중남미의 광대한 영토를 식민지로 통치했다. 이후 독립을 했지만 지금도 중남미 국가들은 스페인어를 사용하고 있으며 지배계층은 대부분 스페인에 뿌리를 두고 있다. 바르셀로나를 여행하다 공원에 앉아 있으면 나이가 많이 든 노인들을 부축하거나 휠체어를 몰고 있는 사람들을 보게 되는데 이들은 한결 같이 남미 원주민들의 모습이다. 말도 통하고 인건비 저렴한 남미 사람들이 바다를 건너와 노인들의 돌보미 역할을 하고 있는 듯하다. 몇 백 년을 식민 통치를 받으며 착취를 당하고도 다시 그 후손들을 또 돌봐야 한다는 것이 안타깝게 느껴진다. 특히 중남미에서 오랜 내전을 겪으며 스스로 일어서지 못하는 나라에서 태어난 백성들, 당장 먹고살아야 하는 문제 앞에 선 백성들에게 역사적인 자존심이야 사치인지도 모르겠다. 남의 나라 이야기만이 아닌 듯하여 왠지 씁쓸하다.

스위스 & 이탈리아

마태호른이 있는 체르마트

제네바에서 출발해 란다 역에 도착하자마자 안내 센터에 들어가 마태호른으로 가는 열차 시간과 자료들을 구해 숙소에 들어갔더니 카운터에는 사람이 아무도 없고 책상 위에 예약자인 아내의 이름이 적힌 편지 봉투가 있다. 그 속에 룸 번호와 체크인아웃에 대한 내용들이 적혀 있고 방 열쇠가 들어 있었다. 출입 손님들이 많지 않은 시간에 프런트를 지키고 있기보다는 오히려 편지 봉투에 열쇠와 필요 사항을 적어 놓고 일을 보는 것도 괜찮다는 생각이 들었다.

동네에 하나밖에 없는 슈퍼 역시 오전에는 7시~9시까지, 오후에는 5시에서 7시까지 하루에 두 차례 시간제로 운영하고 있었다. 지중해의 무더운 날씨에 있다가 하루 만에 해발 2천 미터가 넘는 알프스 산자락 마을로 왔다. 분위기는 모든 것이 그림같이 완벽했다. 숲 속 골프 호텔 발코니에 앉아 만년설을 쳐다보며 마시는 맥주는 피로뿐만 아니라 가슴까지 뻥 뚫리게 했다. 아내가 맑은 공기와 분위기에 취해 좋아하는 모습을 보니 덩달아 좋다.

융프라우에는 한국인이 많다고 느꼈는데 체르마트에는 일본인들이 많다. 시내는 모두 전기 자동차들뿐이고 좁은 언덕 마을도 작은 전기 버스가 다닌다. 발코니에는 빨간 나무 덧문과 화분들이 인상적이다. 어디서나 마태호른이 보인다. 시내를 가로질러 흐르는 강은 빙하가 녹은 물이라 진한 옥색으로 무척 차다.

이탈리아 밀라노

스위스 체르마트에서 열차를 타고 알프스 산맥의 산들과 계곡, 그리고 터널을 몇 번 지나 이탈리아 밀라노에 도착하자 찜통더위로 몸이 늘어졌다. 초겨울 점퍼를 입고 왔는데 여긴 반바지와 반팔 차림이 대부분이다. 역 광장에 있는 전광판에 35도라고 표시되어 있는 것으로 보아 3시간 만에 온도 차이가 거의 20도 이상 차이가 난 것이다. 몸이 적응을 하려면 시간이 더 걸려야 할 것 같았다.

밀라노는 패션과 함께 건물 전체를 하얀 대리석으로 감싼 두오모(Duomo) 성당이 유명하다. 두오모는 영어의 돔(Dome)과 같이 반구

형의 둥근 지붕을 뜻하는 말이다. 이탈리아에서는 주교 신부가 미사를 집전하는 대도시의 성당들 대부분이 돔 형식으로 되어 있기 때문에 두오모라고 한다. 예로부터 이탈리아에서는 한 도시를 건설할 때 중심적 위치에 두오모를 배치하고 주변에 광장과 관청, 공공시설들을 건설했다. 피렌체와 밀라노의 두오모가 크기와 예술적 가치로 유명하다.

베네치아

베네치아에서 묵을 숙소는 시골마을 분위기이면서 한 가족이 거주하는데 전혀 불편함이 없도록 꾸며진 콘도형 아파트였다. 가까운 곳에 대형 슈퍼도 있어 금상첨화였다. 배여사는 세탁기로 빨래까지 모두 돌리고 그동안 마음에 들지 않았던 숙소가 한꺼번에 보상이라도 해주는 듯하다고 기뻐했다. 한동안 묵으면서 쌓인 피로도 풀고 부족한 영양 보충도 하면서 힐링을 하고 가기로 했다.

날씨는 무척 무더워 35도는 족히 넘을 것 같아 한낮의 무더위를 피해 오전에 충분히 쉬고 오후가 되어 물위의 도시 베네치아를 보기 위해 나갔다. 베네치아로 들어가려면 시발점이자 종착역인 산타루치아 역에서 가야 한다. '산타루치아(S.Lucia)'라고 하면 노랫말이 먼저 떠오른다.

창공에 빛난 별 물위에 어리어
바람은 고요히 불어오누나
(중략)
내배는 살같이 바다를 지난다.
산타루치아 산타루치아

음악 교과서에 나오는 산타루치아는 원래 이탈리아 민요로 수호 성인 루치아의 이름이기도 하고 나폴리에 있는 해안가 마을의 아름다움을 표현한 노래이니 이곳 이름과는 다르지만 어쩐지 친숙감이 느껴진다.

숙소에서 쉬면서 아내가 갑자기 얼큰한 해물짬뽕이 먹고 싶다고 한다. 한국 사람치고 해물짬뽕 싫어하는 사람이 어디 있겠는가 마는 여기는 이탈리아다. 마침 슈퍼에 우리나라 것은 아니지만 매운 고추 가루도 있고, 비록 냉동이기는 하지만 홍합과 오징어 그리고 새우가 들어있는 모듬 해물, 그리고 야채, 면은 스파게티 면이 있었다. 이 재료들을 이용해 우리 배여사의 야심작이 만들어졌다. 이태리 베네치아에서 먹어보는 얼큰한 해물짬뽕 맛! 몇 년 전 TV 광고에서 신구 선생이 하던 말 "니들이 게 맛을 알어?"가 생각난다. 과연 누가 이탈리아에서 먹은 우리 배여사의 해물짬뽕 맛을 알까?

4.
힐링 코스, 발칸반도

 # 슬로베니아

슬로베니아 류블랴나

　베네치아 메스트레 역에서 슬로베니아의 수도 류블랴나로 가는 버스가 출발시간이 지났음에도 나타나질 않았다. 혹시나 해서 미리 예약했던 버스 티켓을 꺼내어 주변에 서 있는 사람들에게 우리가 가지고 있는 것과 같은지 물어보았다. 서너 명이 고개를 끄덕이는 것으로 보아 잘못된 것은 아닌 것 같다. 버스터미널이라고 할 것도 없이 역 앞에 사람들이 모였다가 어느 버스가 도착하면 한 무리의 사람들이 타고 가고, 다시 한산하기를 반복하고 있었다. 뙤약볕에서 한참 동안 버스를 기다리다 아까 물어보았던 사람 중에 하나가 갑자기 맞은편 길로 뛰어가며 우리에게 따라오라며 손짓을 한다. 낡은 버스가 하나 도착하더니 사람들이 내리기 시작한다. 거칠고 투박해 보이지만 마음은 착해 보인다. 농부가 시골 장날에 물건을 팔러 온 것같이 무거운 짐들을 같이 내렸다. 아마도 슬로베니아 농부들이 이탈리아 베네치아로 물건을 팔러 온 듯하다.

　옥수수와 콩들이 심어진 벌판을 하염없이 가다 보니 서서히 높은 산들이 보이기 시작했다. 이따금 보이는 산자락에 높은 종탑이 보이고 그 주위에 빨간 지붕을 가진 집들이 옹기종기 모여 있다. 이제 유럽의 화약고라고 하던 발칸반도의 나라로 들어서고 있다. 새로운 곳을 찾아 간다는 것은 기대와 설렘이 앞선다. 세계 일주를 처음 시작할 때는 걱정과 두려움이 앞섰지만 벌써 9개월이 지나는 동안 여행자의 내공이 쌓였나 보다.

 대학을 다닐 때 어머니는 나를 보고 '팔도 펄랭이'라고 불렀다. 방학을 하면 집에는 별로 없고 이리저리 전국을 쏘다니기만 한다고 바람개비의 전라도 사투리인 펄랭이를 따다 붙인 이름이다. 팔도 펄랭이가 글로벌, 지구촌 펄랭이가 되었다. 길을 나서면 뭔가 가슴이 뜨거워지는 느낌이다. 전생에 아마도 바람개비였는지도 모른다. 아내도 펄랭이와 30년을 넘게 같이 살다 보니 전염이 되었는지 짐을 꾸리고 이동할 준비를 하면 가슴이 설렌다고 한다. 거기 가면 또 무엇이, 그리고 어떤 일들이 우리를 기다리고 있을까?

블레드(Bled)

슬로베니아에 가면 꼭 가봐야 한다는 블레드에 다녀왔다. 수도 류블라냐의 중심 센트로에서 차로 한 시간 거리에 있다. 센트로 역 시간표에 헝가리 부다페스트로 가는 열차편이 하루 중에 거의 두 시간 간격으로 있는 것으로 보아 가장 왕래가 빈번한 도시인 듯하다. 기차역 바로 앞에 있는 버스터미널은 시설들이 어수룩해 보이긴 하지만 천막으로 매달아 놓은 게이트가 25개나 되는 것으로 보아 꽤 큰 터미널인 듯하다. 블레드에 도착하자 하필이면 비가 억수로 퍼부었다. 유럽 남부를 여행하는 동안은 지중해성 기후라 무척 더운 반면에 비가 별로 오지 않아 몇 달 만에 맞아 보는 소나기였다. 블레드에 가면 어디서나 보이는 높은 언덕에 성이 보인다. Bled Castle 이다. 알프스의 산들과 한가로운 마을들이 한눈에 들어온다. 빙하가 녹은 물들이 고인 호수 한가운데에 15세기에 지어졌다는 조그만 교회가 있다.

계속 내리는 비 때문에 조금 일찍 류블라냐로 돌아왔다. 시내의 규모로 보아서 전주 정도나 그보다 적은 규모의 도시였다. 수도인 류블라냐는 슬로베니아 말로 '사랑스럽다'라는 뜻이라고 한다. 전체 인구가 2백만 명도 안 된다는 조그만 나라지만 시내 중심을 흐르는 류블라나차 강과 노천카페들이 말 그대로 사랑스럽다. 마침 금요일이라 시내 중심에서 행사를 하고 있었는데 이곳도 비가 많이 와서 거의 중단 상태이다. 시청 앞에서 큰 음악회를 열려고 했는지 연주할 준비를 해놓고도 악기와 사람들은 비를 피해 있다. 현수막 광고판에 반갑게도 우리나라 신발 회사 광고도 보인다. 소나기는 피하라는 말을 실천이라도 하듯이 노천 카페에 자리를 잡았다. 비 오는 광장에서 파전에 막걸리 대신, 소시지에 먹는 맥주 맛도 일품이다. 비가 많이 오니 맛도 한층 더한 느낌이다.

슬로베니아는 옛 유고 연방에서 분리되어 전쟁을 치르고 지금은 유럽 연합에 가입한 나라다. 물가는 무척 착하다. 사람들의 생활수준은 여유가 있어 보인다. 집집마다 차가 주차되어 있고 화초나 과일나무들이 잘 관리되고 있다. 마주치는 사람들의 표정과 얼굴을 봤을 때 상당히 여유가 있고 밝다. 발칸반도가 화약고였다는 말은 이제 역사 속 이야기가 된 것 같다.

 크로아티아

플리트비체에서

밖을 보니 비가 계속 주룩주룩 오는데도 불구하고 사람들이 많이 돌아다닌다. 아침 일찍 폭포에 다녀오자는 아내의 성화도 무시하고 여유롭게 커피까지 마시며 비가 그치기를 기다렸지만 멈출 기미가 보이질 않는다. 하는 수 없이 우리도 여기까지 왔으니 그래도 공원에 가봐야겠다며 일어섰다. 어젯밤 내내 천둥과 번개가 치면서 비가 와서인지 폭포에서 쏟아지는 물줄기가 어마어마하고 여러 갈래로 이어지는 작은 폭포들이 장관을 이루고 있다. 어젯밤에 비는 폭포를 더 멋지게 만들려고 그렇게 억수같이 내렸나 보다. 이래서 사람들이 플리트비체를 죽기 전에 꼭 가봐야 하는 명승지로 꼽는 것 같다. 그렇게 두어 시간을 가는데 다행히 서서히 비가 개기 시작한다. 그런데 경치가 좋은 곳에는 사람들이 많이 밀린다. 특히 나이 많은 단체 관광객들이 길을 막고 더디게 움직인다.

오랜만에 여행을 왔으니 천천히 움직이는 것이 당연하다. 늙음이란 언젠가는 우리 모두에게 다가오게 되어 있다. 그리 멀지 않은 일이다. 그러나 우리는 막히면 무조건 앞질러 갈 궁리부터 먼저 하게 된다. 그냥 있으면 뭔가 손해 보는 느낌이 든다. 우리의 삶이 그래왔다. 이제는 여유를 가지고 웃으며 양보하고 기다려 주는 마음을 가질 때가 되었다. 그게 세상을 편하고 건강하게 살아가는 방법인지도 모른다.

스플리트(Split)와 트로기르(Trogir)

스플리트는 로마황제 디오클레티아누스가 은퇴 후에 살기 위해 건설한 도시다. 아드리아해에 있는 휴양도시로 날씨가 좋고 과거 로마시대의 궁전과 중세 유적이 많이 있어 세계문화유산으로 등재되어 있는 도시다.

트로기르(Trogir)는 중세 교회가 있는 조그만 성곽 도시다. 운하를 사이에 두고 조그만 골목길로 건물들이 연결되어 있다. 다시 교회를 지나 차들이 많이 다니는 다리를 건너면 차오르 섬이다. 외부는 섬들이 연결되어 있어 요트들이 가득하다. 스플릿 버스터미널에서 자그레브 방향으로 가는 버스를 타면 대부분 트로기르를 거쳐 간다.

두브로브니크(Dubrovnik)로

발칸반도 여행을 한다고 하면 대부분의 여행사들이 크로아티아의 두브로브니크와 플리트비체는 꼭 가야 하는 필수 코스다. 플리트비체는 우리나라 설악산과 같이 내륙에 있는 국립공원이 있는 반면에 두브로브니크는 아드리아해에 있는 바닷가 도시답게 집들이 부산이나 마산처럼 대부분 경사면에 있다. 독채 아파트를 하나 얻었는데 언덕배기를 올라 다니기가 힘들지만 일단 오르고 나면 바다를 내려다보는 전망이 정말 좋다. 문을 열고 항구에 배들이 들고 나는 것을 보는 것만으로도 눈과 마음이 맑아진다.

아침에 가까운 어시장에 가봤더니 7시 반인데 벌써 거의 파장이고 고등어, 한치, 홍합만 남았다. 자반이 없어 대신에 생 고등어를 기름에 튀겼더니 제대로 말리지 않아서인지 아무래도 부스러진다. 주부 9단이라는 아내도 환경이 다른 것은 어찌할 수 없어 보인다. 오징어와 달리 다리 길이가 한치 밖에 되지 않아 이름이 되었다는 한치와 홍합을 스파게티에 넣었는데 싱싱해서 맛이 쫄깃하고 담백하다.

여기도 한국 단체 관광객들이 많아 친숙하다. 두브로브니크는 유럽에서 흔히 보는 성곽 도시와 같았지만 주요 통행과 접근로가 바다라는 점이 특이한 구조다. 성벽의 높이와 방어구조로 보아 난공불락의 요새로 보였다. 성곽 안에 깔려 있는 포석들은 대리석이라 세월이 지나면서 닳고 닳아 반짝인다.

두브로브니크 선착장에 가면 마치 통영 앞바다에 사랑도나 욕지도를 다니는 것과 같이 주위의 섬들을 운항하는 배가 있다. 마침 배에서 내려 집으로 가는 현지인에게 경치가 좋은 곳을 묻자 자세히 길을 가르쳐 주지만 반쯤 눈치로 알아보는 길이다. 가는 길은 사람들도 많지 않은 한적한 길이다. 이곳에는 올리브와 무화과, 석류나무가 대부분이다. 철을 지나 따지 않은 무화과 열매가 떨어져 바닥에는 벌들이 잔뜩 먹이를 가져가고 있다.

몬테네그로

아드리아 해의 검은 진주 '몬테네그로'

슬로베니아와 크로아티아를 지나 육로로 발칸반도를 종주해서 그리스로 가기로 했다. 지도 상으로 몬테네그로와 알바니아를 경유해서 가면 가장 빠를 것 같은데 이리저리 검색을 해봐도 교통편이 잘 연결이 되지 않았다. 아마도 발칸반도 국가 중에서 알바니아가 유일하게 이슬람 국가인데다 얼마 전 있었던 전쟁의 영향인 듯하다. 많이 가지 않는 길이 조금 불편할지 몰라도 왠지 때 묻지 않은 순수함이 있을 것 같은 예감이 들었다. 숙소와 교통편은 대부분 미리 예약을 하고 다녔지만 이번에는 그냥 가야 할 것 같아 아내 의견을 들어보았다.

"배여사, 아테네로 가는 길 중에 잘 알려지지 않은 길로 한번 가볼까 하는데?"
"당신이 가자면 어디로든 오케이쥐!"
"여기서부터 아테네까지는 버스나 숙소도 그때그때 현지에 가서 조치해야 할 것 같아!"
"오케이, 그게 오히려 더 재미있을 수도 있지!"

세계 일주 여행을 시작하고 나서 배여사는 성격이 긍정적으로 바뀌었고 무엇을 두려워하거나 걱정하는 일이 없어졌다. 그리고 모험심마저 늘었다.

발칸반도는 산맥이 많아 기차 대신에 버스가 더 잘 연결되어 있고, 지나는 곳곳의 경치가 예술이라 비행기를 타고 그냥 지나쳐 버리기에는 너무도 아까워 우리 부부는 계속 버스로 이동하고 있었다. 이번에도 버스를 타고 우선 몬테네그로의 울치니(Ulcinj)로 갔다가 다음에는 알바니아의 수도 티라나, 이어서 아테네로 가기로 방향을 정했다.

울치니로 갈 버스표는 이미 매진

울치니로 가는 버스 예약사이트를 찾을 수 없어 직접 터미널에 가봤다. 시간표에 오전 11시와 저녁 7시로 쓰여 있지만 창구는 문이 굳게 닫혀 있었다. 하는 수없이 다음날 숙소 체크아웃을 마치고 버스터미널에 갔더니 티켓이 모두 매진되었단다. 난감하던 찰나, 안내원이 울치니로 가려면 코토르(Kotor)를 거쳐 가야 하는데 그곳에 가면 여기보다 버스 편이 많으니 우선 코토르로 가보는 것이 좋을 거라고 한다.

그런데 문제는 코토르로 가는 버스도 오후에나 표가 있단다. 잠시 망설이다가 다른 대안은 없고 이럴 때는 운전기사에게 직접 부탁하는 게 낫겠다 싶었다. 그러는 사이 코토르로 가는 버스가 게이트에 들어서고 운전기사가 내려 짐칸 문을 열어 놓고 잠시 기다리고 있었다. 이때다

싶어 얼른 다가가

"나는 한국 사람이야. 당신은 어느 나라 사람이지?"

"크로아티아 사람!"

"크로아티아는 멋진 나라더라. 그리고 당신 아주 잘생겼네!"

"땡~큐, 정말?"

"아내와 세계 일주 중이야, 근데 코토르로 가는 티켓이 없는데 태워 줄 수 있어?"

"그래? 기다려 봐!"

그렇게 잠시 기다리고 있었더니 코토르로 가는 사람들은 이미 다 탔는지 더 이상 아무도 없었다. 기사가 차 안을 한번 둘러보고 오더니 빈자리가 생긴 듯

"자리가 있긴 하지만 대신 차비는 유로로 내야 하는데?"

"물론이지, 오케이"

그저 감지덕지하는 마음으로 얼른 짐칸에 가방을 밀어 넣고 우리 배여사랑 신이 나서 버스에 올랐다. 그런데 우리 두 자리 외에도 5~6석이 더 비어 있었다.

"에이, 괜히 아쉬운 소릴 했나?" 하며 웃었지만 그나마 다행이다. 이제부터 달리는 버스 속에서 경치 구경을 하며 코토르로 향했다.

우리가 탄 버스는 크로아티아와 몬테네그로 국경을 통과해 오후 1시가 조금 넘어 도착했다. 코토르 버스터미널에 도착하자 하룻밤 묵어가

는 데 10유로라며 민박 손님을 맞으려는 아주머니들이 여러 명 있었다. 가격이 무척 싸다는 생각이 들었지만 일단 울치니까지 가는 버스가 더 중요했다. 다행히 오후 6시에 출발하는 버스가 있어 티켓을 끊고 짐 보관소에 가방을 맡기는 절차까지 일사천리로 마쳤다. 만약 버스가 없었다면 여기서 하루 묵어갈 수도 있었지만 그럴 필요가 없게 되었다. 앞으로 5시간 정도 이곳에 머물며 쉬어가기로 했다.

몬테네그로라는 이름은 '몬테'는 산을 의미하고 '네그로'는 검은색, 합쳐서 '검은 산'이란 뜻이다. 산이 높아 어둡게 드리운 그림자가 많아 붙여진 이름이라고 한다. 코토르는 몬테네그로 중에서 아드리아 바다를 끼고 있는 해안가 도시라 9월 중순이지만 한낮은 햇볕이 엄청 뜨거웠다. 과일이 한창 익어 가는 계절이라 잠시라도 밖에 나가 있으면 살이 익을 것만 같았다. 터미널에서 가까운 구시가지 위로 거의 하늘과 맞닿은 성벽이 보였지만 한낮 더위에 엄두가 나질 않았다. 이럴 때는 눈으로 즐기는 '아이 트레블'이 최고, 가볍게 세계문화 유산인 구 시가지만을 돌아다녀 보기로 했다.

울치니로 가는 시골버스

오후 6시 울치니로 가는 버스를 탔다. 마침 서쪽 바다로 떨어지고 있는 석양을 보면서 해안가 도로를 천천히 그리고 삐그덕거리며 달렸다. 타고 내리는 사람들의 얼굴 색깔만 다를 뿐 저녁 무렵 우리 시골버스와 다를 것이 하나도 없다. 누군가 타더니 승객과 서로 아는 사인지 무척 반가워하며 악수도 나누고 한참을 같이 떠들면서 어디쯤 가다가, 누군가 내리면 버스 소리만 들리는 침묵이 흐르다 또 누군가 타면 떠들기를 반복했다. 우리와 몇 천 킬로나 떨어져 있지만 사람 사는 곳은 어디나 다 비슷해 보인다. 버스가 가듯이 시간과 세월이 흐르면서 누군가와 만나서 헤어지고 또 누군가를 만나는 우리 인생과도 같다는 생각이 들었다.

혹시 도깨비 귀신 아니겠지?

시골버스는 그렇게 사람들을 만나고 여러 정류장들을 들러 가며 우리의 목적지 울치니에는 밤 9시 반이 다 되어 도착했다. 우리나라 읍내 정도 되는 조그만 도시였다. 버스에서 내려 잠시 화장실을 다녀오는 사이 셔터를 내리고 불을 끄기 시작하더니 터미널에는 우리 둘만 덩그러니 남았다. 버스에서 내리면 자기네 민박으로 가자며 다가오리라 예상했던 아주머니들이 하나도 없었다. 배여사가 혼잣말처럼

"어, 민박 아주머니들 다 어디 갔지?"

"그러게 말이야, 이러면 우리가 예상했던 각본과 다른데?"

일단은 무거운 가방을 끌고 불빛이 몇 개 모여 있는 마을로 가야 했다. 1층에 레스토랑, 2층에는 호텔이라고 적힌 간판이 붙어 있고 식당 카운터에서 호텔 프런트 일까지 같이 보고 있었다.

"방이 있나요? 그리고 하루에 얼마죠?"

"네, 2인 1실 룸이 하루에 35유로입니다."

"방은 깨끗하겠지요?"

"물론이죠. 새로 지어서 우리 호텔이 울치니에서 제일 좋을 거예요."

"좋습니다."

순간 우리 배여사가 뭔가 아니라는 듯 카운터 밑에 내 손을 꽉 잡으며 그냥 나가자는 신호를 보냈다.

"미안합니다, 조금 더 알아보고 오겠습니다." 하고 일단 밖으로 나왔다.

밤이 너무 깊었고 그 정도 가격이면 싸다고 생각이었지만 그건 오로지 내 생각일 뿐이었다. 우리 배여사는 낮에 코토르에서 민박 아주머니들에게 하룻밤 10유로라고 들었던 기억이 머리에 꽂혀 있었던 것이다.

이를 어찌해야 하나 잠시 망설이고 있는 사이 레스토랑 안에서 우리를 지켜보던 어르신 한 분이 자신의 집에서 15유로를 내고 자라고 한다. 배여사가 바로 좋다고 해서 어르신 집으로 가기로 했다. 그런데 한밤중에 포도밭 사이로 난 길을 지나더니 아무 불빛도 없는 곳으로 하염없이 걷기 시작했다. 배여사는 무서웠는지 바짝 팔짱을 끼고 "혹시 도깨비 귀신 아니겠지?" 하며 속삭였다.

"아저씨, 미안하지만 집이 멀었나요?"

"이제 거의 다 왔어요."

하지만 가까운 곳에 불빛이 있는 집은 아무리 봐도 없었다. 다 왔다고 한 후로 5분이나 더 걸었지만 어르신은 컴컴한 길을 계속 앞서 갈 뿐이었다. 그러자 우리 배여사가 걸음을 멈추고는 바로 돌아가자고 한다. 잘 알지도 모르는 나라에 와서 칠흑같이 어두운 시골길을 현지 외국인의 말만 믿고 간다는 것이 분명 제정신은 아니라는 생각이 들었다.

"아저씨, 미안합니다만 저희는 그냥 돌아가야겠습니다."

"다 왔어요."

하지만 이미 우리는 왔던 길로 돌아가고 있었다. 처음에 왔던 레스토랑과 호텔까지 그야말로 순식간에 왔고 둘 다 이마에 땀이 맺혀 있었다. 이제는 가격이 별로 중요하지 않았다. 그리고 그 호텔로 들어가 옛날 귀신 이야기를 하며 하룻밤을 보냈다.

모든 것이 착한 '울치니'

오늘따라 하늘이 무척 파랗고 맑다. 알바니아 수도 티라나로 가는 버스가 낮 12시 반에 있어 오전에 시간 여유가 생겼다. 앞쪽 큰 길을 따라 언덕 마을을 넘어가면 구 시가지와 바다가 좋다고 숙소에서 추천했다. 아쉽지만 그래도 여기서 하루 묵었으니 아침을 먹고 잠시 다녀오기로 했다.

걸어서 언덕 마을을 넘어가자 눈앞에 펼쳐진 풍경은 탁 트인 바다를 낀 아름다운 휴양 마을이다. 바닷가에 앉아서 먹을 과일을 사러 큰 마트에 들어갔는데 고기와 야채를 포함해서 모두 싱싱하고 가격이 무척 착했다. 민박으로 보이는 집들 대부분 하루에 15유로라고 써붙여 놨다. 사실 유럽을 여행하면서 전업주부인 아내는 물가가 비싸다고 푸념이었다. 비싼 곳도 있으면 싼 곳도 있으니 너무 부담 갖지 말고 여행을 즐기라고 여러 번 말해도 아끼고 쪼개 쓰는 것이 가정주부의 사명이라고 생각하고 있으니 쉽지 않은 일이다. 그러나 여기는 파란 바다에 성벽을 낀 아름다운 도시에다 물가와 숙박비까지 너무 착해 여행자들이 좋아할 삼박자를 모두 갖추고 있다. 그러니 우리 배여사가 말한다.

"여기서 며칠 있다 가면 안 돼?"
"오케이, 내가 하고 싶었던 말씀!"
"그럼, 숙소부터 알아봅시다."
"조금 불편해도 바다가 한눈에 보이는 집으로 구하면 어떨까?"

"언덕 위에 하얀 집, 오케이!"

바다가 훤히 보이는 언덕 마을로 올라가 두리번거리다 어떤 집 마당에 사람이 있어 물었다.

"실례합니다만, 근처에 민박 없나요?"
"잠시만 기다리세요. 연락해 줄 테니."

조금 있다가 윗집에서 젊은 친구가 내려오더니 반갑게 맞이한다.

"우리 부부가 묵어갈 방이 있나요?"
"있습니다. 방을 한번 보세요."

젊은이가 안내한 3층에는 가운데 큰 거실과 주방을 중심으로 방 3개가 있었다. 베란다에는 아드리아 바다가 끝없이 펼쳐져 있고 집이 높아선지 휘파람 같은 바람소리마저 친근하다.

"아주 좋습니다. 주방은 사용해도 괜찮지요?"
"물론이고요, 휴가 시즌이 지나 손님들이 없으니 아마 3층 전체를 두 분이 쓰게 될 거예요."
"앞으로 5일 정도 있다가 갈 생각인데 더 있어도 문제없지요?"
"오래 있을수록 우리는 더 좋습니다."
"어젯밤 묵었던 숙소에서 짐을 가져와야 되는데 혹시 택시라도 불러 줄 수 있나요?"
"제 차가 있는데 같이 갔다 오죠."

짐을 가지러 갔다 오는 사이 차 안에서 숙소를 중심으로 왼쪽 길로 내려가면 사람들이 많은 해수욕장이고, 오른쪽 길로 내려가면 여기 현지인들만 이용하는 조그만 바다가 있는데 그곳이 한적하고 더 좋다고 한다. 그리고 몬테네그로의 대표 와인 '보리나츠'를 맛보라고 한다. 짐을 가지러 다녀와서 택시비 대신에 사례비를 건넸지만 굳이 사양을 했다. 몬테네그로는 물가도 사람들도 모두 착하다.

낮에 알바니아로 간다는 계획은 일단 잊어버리기로 하고 떠나고 싶을 때까지 충분히 쉬었다 가기로 했다. 우리는 여행을 자유롭게 하기 위해 교통편이나 숙박은 다음 여행지로 출발하면서 예약을 해왔다. 현지에 가봐서 마음에 들면 며칠씩 더 있다 갈 수 있기 때문이다. 이렇게 쉽게 의사 결정을 할 수 있는 건, 부부가 같이 자유여행을 하는 최대의 장점이자 재미다. 이제부터 떠나고 싶을 때까지 잠이 오면 자고 바다가 보고 싶으면 나가면 된다. 잠시 머리는 쉬게 하고 몸이 시키는 대로만 하면 된다.

이따금 낚시를 하며 살고 싶다

숙소에서 성벽 길을 따라 내려오자 나이가 지긋해 보이는 어르신이 낚시를 하고 있다. 잠시 사진을 찍고 있는 사이에 우리 배여사는 넉살 좋게 벌써 어르신이 가지

고 있는 여분의 낚싯대를 들고 있다. 여기서는 두 가지 방법으로 낚시를 하고 있었다. 한 사람은 큰 고기를 잡으려는 듯 추와 찌를 달고 낚시바늘도 커서 우리가 흔히 말하는 월척을 잡기에 적당한 채비를 하고 있고, 또 한 사람은 현지인들이 먹는 딱딱한 빵을 돌돌 말아서 묶고 그 속에 작은 바늘들을 꽂은 형태로 저수지에서 쓰는 떡밥 낚시와 같은 모양을 하고 있었다. 아내는 떡밥 형이라 작은 고기들이 떼를 지어 몰려들어 미세한 손맛이 계속해서 느껴진다고 한다. 그러다 한참 만에 그야말로 눈멀고 욕심 많은 놈이 하나 걸려들었다. 배여사가 잡혔다고 소리를 지르자 어르신이 박장대소를 하며 다가와 바늘에서 고기를 빼내주고 다시 미끼를 달아 준다. 숭어 새끼인 동하와 비슷해 보였다.

아내는 바다낚시를 무척 좋아한다. 어쩌다 분위기가 다운되어 있을 때 바다낚시를 가자고 하면 금세 눈망울에 생기가 돈다. 우리 차 트렁크에는 릴 두 대가 항상 실려 있어 바닷가를 지나다 낚시하는 사람이라도 있으면 잠시 들렀다 가야 직성이 풀린다. 세계 일주를 마치면 시골로 내려가 전원생활을 하자는 게 우리 부부의 다음 목표다. "어디로 내려가서 살까?"를 물으면 산이 높고 바다가 가까워야 한다는 것이 배여사가 내세우는 첫 번째 조건이다. 바다낚시를 좋아하고 고기보다는 생선과 해물을 더 좋아하기 때문이다. 산 좋고 물이 맑으면 환경이 좋고 사람들 인심도 좋단다. 유럽 여행을 하는 내내 바다만 보면 낚시를 하고 싶다던 꿈을 오늘 이루고 있다. 아드리아 해에서 불어오는 바람이 오늘따라 싱그럽다.

아드리아 해에서는 비키니를 입어야 제멋

울치니에는 모래사장이 넓고 물이 얕아 해수욕을 즐길 수 있는 해변이 있다. 사람들은 대부분 여행객들로 보이는데 한참을 돌아봐도 동양인은 우리 부부 둘뿐이다. 서양인들이라 햇빛을 많이 받으려는지 여자들은 모두 다 비키니다. 그런데 아무리 봐도 원피스 수영복을 입은 사람은 배여사밖에 없다.

"당신이 여기 분위기 흐려서 안 되겠네, 비키니 하나 삽시다."
"그럴까?"

내가 먼저 비키니 사자는 말을 안 했으면 큰일 날 뻔했다. 수영복 가게에 들어갔더니 중국인 주인이 자신은 상하이가 고향이라며 우리가 한국인임을 금방 알아본다. 그리고 이웃나라 사람이라고 알아서 먼저 깎아 준다. 아내가 좋아하는 것을 보니 중국인들의 장사 실력은 세계 최고다. 비키니로 갈아입은 우리 배여사는 60이 다 된 나이에도 불구하고 신이 나서 초등학교 다니던 딸아이 모습과 다를 게 없었다. 그래 비키니 입는 곳에서는 비키니를 입어야 잘 어울린다. 산다는 것이 주변과 함께 어우러지고 조화로워야 더 편한 법이니까!

아내는 요리의 마술사?

어느덧 중년이 된 나이에 부부가 함께 여행을 하면 좋은 점이 또 있다. 여행이 길어지면 몸이 축나기 십상이지만 우리는 오히려 더 건강해지는 느낌이 든다. 한군데라도 더 가보겠다고 무리하게 일정을 서두를 필요도 없고 꾸준히 움직이면서 체력을 위해 집에서보다 더 잘 챙겨 먹기 때문이다. 아내는 잘 먹고 잘 자는 것이 재미있고 길게 여행할 수 있는 비결이라고 주장한다. 지당한 말씀이다. 어느 도시에 도착하면 최소한 그 지역 대표음식과 술은 꼭 맛보고 가장 많이 나는 음식으로 요리도 해먹곤 한다.

세계 일주를 하면서 맛본 음식의 수가 늘어 가면서 아내의 요리 솜씨도 갈수록 세계화되어 가고 있다. 전업주부로 30년 이상 내공이 쌓여 음식 맛을 보면 재료가 무엇이 들어갔는지 금방 맞춰 낸다. 여행하면서 가장 많이 해먹은 음식은 스파게티다. 토마토와 양파, 마늘과 스파게티 면은 세계 어디를 가더라도 흔하게 구할 수 있었다. 아쉬운 대로 오이나 고추 피클로 이따금씩 생각나는 김치를 대신할 수도 있었다. 마트에서 조그만 병에 든 고춧가루를 발견하고는 비가 오는 날 갑자기 스파게티 면과 야채를 사다가 얼큰한 짬뽕을 만들어 내기도 한다. 어디서나 신기에 가까울 정도로 뚝딱 만들어 내는 것이

"당신은 기가 막히게 맛을 내는 요리의 마술사"라고 치켜세우면

"땡큐, 소 마취!"라며 무척 좋아한다.

언덕 위 하얀 집

지중해에 있는 바닷가 언덕마을을 보면 대부분 하얀 벽에 붉은 기와로 지은 집들이 유난히 눈에 많이 띈다. 그래서 그런 집들을 우리는 흔

히 지중해식이라고 말한다. 스페인어로는 '카사블랑카'라고도 한다. '카사'는 집을 '블랑카'는 흰색을 말하는 것으로 카사블랑카는 바로 '하얀집'을 뜻하는 말이다. 한편으로 '험프리 보가트'와 '잉그리트 버그만'이 나왔던 유명한 영화 제목이기도 하고, 가수 최헌이 번역해 불러서 히트한 노래이기도 하다. 이곳 울치니는 아드리아 해에 속하지만 집들은 카사블랑카가 대부분이다. 하얗고 순수한 마음과 머리는 뜨거운 열정을 담고 있는지도 모르겠다. 아내는 은퇴를 하고 전원생활을 하게 된다면 붉은 기와에 하얀 집을 짓고 싶다고 말해 왔었다. 배여사의 마음속에는 카사블랑카가 자리 잡고 있었던 모양이다.

우리가 묵고 있는 숙소는 언덕 위에 우뚝 솟은 하얀 집이다. 올라가기는 조금 힘들어도 가보면 탁 트인 바다 전망이 끝내 준다. 조금 걸어 내려가면 아드리아 해의 맑은 바다에서 수영을 즐길 수도 있고 갯바위에 앉아 낚시도 할 수 있다. 여름휴가 시즌이 끝났는지 옆방도 내내 비어 있어 우리가 3층을 통째로 쓰고 있다. 몬테네그로의 국가대표 와인이라는 '브라나츠'와 싱싱한 해물을 듬뿍 넣고 스파게티를 만들어 한잔하면 세상 부러울 것이 없다. 몸과 마음에 여유가 생긴다. 자리에 누워 밖을 보면 낮에는 쪽빛 바다, 밤에는 불을 밝힌 어선 몇 척이 떠있고 하늘에는 북두칠성이 우릴 내려다보고 있다. 최소한 여기서만큼은 행복하다는 생각이 든다. 그저 지금 우리 부부가 함께 건강하고 같이 하고 싶은 것을 하면서 즐겁게 사는 것이 행복이 아닐까? 행복이란 그리 멀리 있는 것도 아닌 듯하다.

몬테네그로 울친에서 알바니아 티라나로

울친에서 알바니아의 수도 티라나로 가려면 쉬코데르를 거쳐 가야 한다. 중앙선도 없는 좁다란 도로를 꾸불꾸불 돌고 국경을 통과해 3시간 만에 도착했다. 옛 봉고차 같은 크기에 빈자리 하나 없이 쭈그리고 왔더니 온몸이 편치 않다. 남쪽으로 내려갈수록 날씨가 무척 더웠다.

버스터미널이 따로 있는 것이 아니고 길가에 내려주면서 여기가 종점이란다. 길 반대편에는 버스회사나 여행사 가게들이 몰려 있고 이태리 밀라노, 프랑스 리용, 독일 프랑크푸르트같이 유럽의 유명 도시 이름들이 유리창 적혀 있다. 이런 회사들이 티켓을 팔고 출발 시간이 되면 버스가 그 앞에서 사람들을 태우고 출발한다.

티라나의 중심가로 가봤다. 9월의 중반인데 날씨가 무척 무덥다. 이곳 남자들은 대부분 긴 바지와 반팔 옷을 입고 머리를 짧게 깎았다. 유럽이지만 유럽인들과 조금 다르다는 느낌이 든다. 동양과 서양의 피가 조금씩 섞여 가는 듯이 머리는 검고 얼굴은 약간 넓적하며 눈동자는 검고 키는 그리 크지 않다. 시내 중심 광장 건물에는 우리가 TV로 보아 왔던 공산주의 노동자들 그림이 크게 보인다. 1990년대까지 사회주의를 고집했던 영향이 남아 있다.

티라나는 알바니아 수도지만 유럽 같지 않고 환경을 포함해 모든 것이 열악해 보인다. 횡단보도는 있지만 길을 걷는 사람 모두 서로 무시하고 다녔다. 큰길가에 있는 건물에서 한 블록만 안으로 들어가면 페인트도 벗겨지고 전깃줄이 복잡하게 얽혀 있는 모습이 마치 철거를 앞두고 있는 연립주택처럼 흉물스럽게 서로 엉켜 있다. 길가에 있는 바에는 사람들이 무척 많다. 한창 저녁 시간임에도 식사를 하는 모습은 보이지 않고 대부분 에스프레소 커피와 물을 마시며 뭔가 중요한 이야기를 나누는 듯 모두 진지하다. 이곳은 유럽 중에서도 이슬람교도가 많은 나라라 술 대신 커피가 주류를 이루고 있다. 불과 3시간 전에 있었던 나라 몬테네그로와는 분위기와 문화가 완전히 다르다. 종교의 차이가 이렇게 다르게 만드는 것일까?

5.
역사가 숨 쉬는 곳,
지중해와 아시아

그리스

아테네에서 산토리니로

아침에 아테네 피에우라 항구에서 배를 타고 오후에 산토리니 신항구에 도착했다. 인터넷으로 숙소를 예약하면서 픽업을 요청했더니 마중을 나와 쉽게 들어갈 수 있었다. 운전사는 나이는 많아 보이지만 에너지가 넘친다. 남자가 나이를 먹을수록 유머와 에너지가 있어야 모든 사람들이 좋아한다. 관광지답게 그늘 및 한적한 테이블에서 와인과 맥주를 즐기는 사람들이 많이 보인다.

유럽인들은 남녀를 구분하지 않고 식사 테이블에 와인과 맥주는 거의 필수다. 술이란 것이 포도나 밀보리가 잘 발효된 음식이라고 생각하면 건강에도 좋다. 적당히 마시는 것이 생활화되어 있다면, 술은 오히려 인생을 더 풍요롭게 하는 것 같다. 한때 사회에서 만연된 잘못된 술문화처럼 한번 마셨다 하면 끝장을 본다는 결판 의식만 없다면 말이다.

산토리니 이아(Oia) 마을의 석양

그리스에 가면 산토리니의 석양, 그 중에서도 섬의 북쪽 끝 '이아(Oia) 마을로 가보라고 추천한다. 저녁때가 되자 관광객들이 모두 서쪽 바다를 보고 자리를 잡고 있다. 산토리니도 우리나라 둘레 길같이 중간중간 걷기코스 길이와 시간, 방향 표시 팻말들이 설치되어 있다. 산토리니를 대표하는 사진들 속에 나오는 코발트 색 지붕 건물은 그리스 정교 교회 건물을 표시하는 것으로 마을당 1~2개가 전부였다. 마을 전체가 파란 지붕이라고 생각한 것은 잘못이었다. 여행지로 오랫동안 각광을 받다 보니 번듯한 집들은 대부분 호텔이나 펜션으로 하얀색으로 된 건물과 창문은 코발트 빛깔이 특징이다.

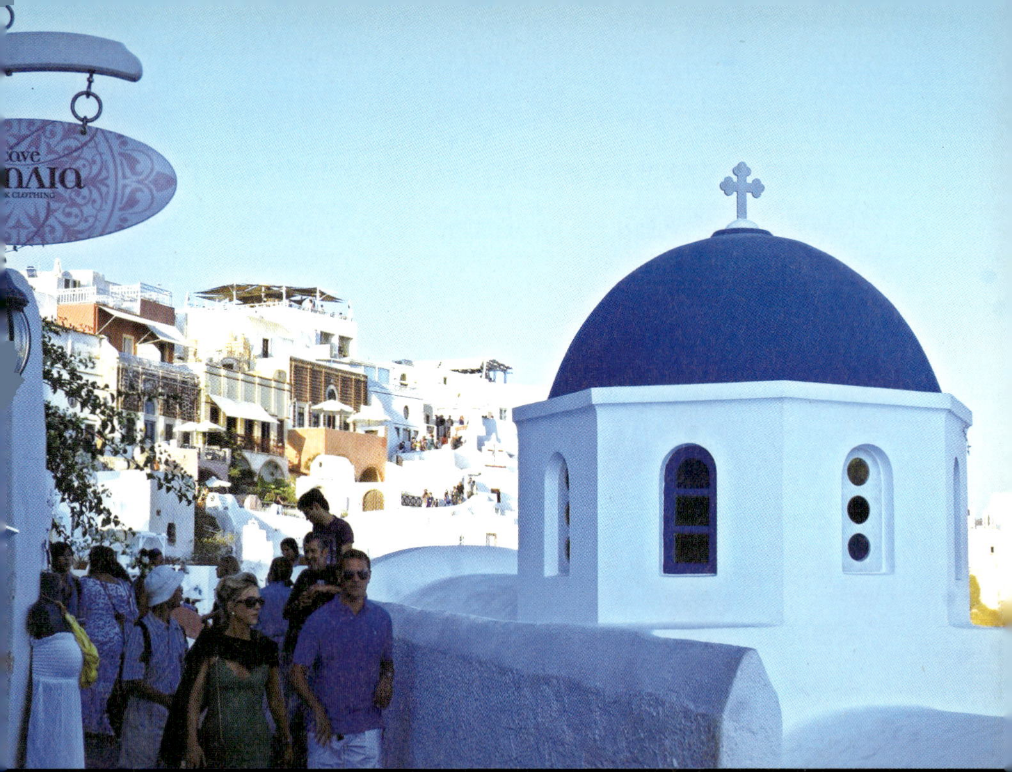

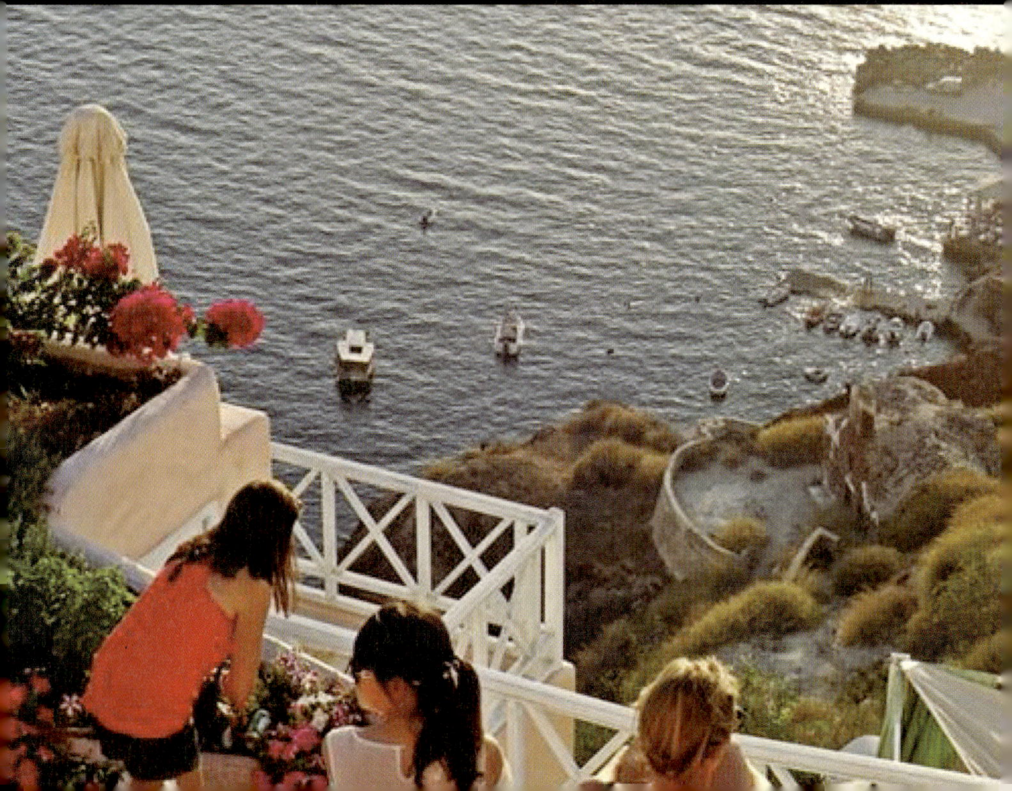

산토리니의 지형 구조와 특산 와인

배를 타고 산토리니에 가까이 오자 검붉은 절벽 위에 하얀 집들이 모여 하나의 마을을 이루고 있었다. 섬의 지형구조를 보면 서쪽은 급경사의 수직 절벽이고 동쪽은 완경사로 이루어져 농사는 주로 동쪽에서 짓고 있었다. 우리나라의 동고서저와 반대 구조이다. 제주도와 같이 구멍이 숭숭 나고 검은색과 붉은색이 도는 현무암들로 담을 만들어 놓았다. 토질은 화산석이고 모래와 돌들이 있는 밭에는 포도나무들이 심어져 있다. 특이하게도 이곳의 포도나무들은 그냥 넝쿨이 바닥으로 깔리면서 자라고 있다. 우리나라에서 기둥을 세워서 넝쿨을 이어 놓은 것과는 전혀 다른 모습이다. 척박해 보이는 섬에서 자란 포도가 더 맛이 있다고 자랑한다. 고창에 가면 복분자를 팔 듯이 슈퍼에서 1.8L짜리 페트병에 들어 있는 산토리니 와인도 저렴한 가격에 팔고 있다.

로도스(Rodos) 섬과 팔리라키(Faliraki) 해변에서

저녁에 팔리라키 해변에 갔더니 은은하게 들려오는 파도 소리가 아이들 생각이 나게 했다. 여기는 지중해다. 하늘에는 별들이 촘촘하다. 낮에 소나기가 오더니 밤에는 더 하늘이 맑다.

로도스를 다녀왔다. 고대 그리스 도시국가의 하나로 에게해의 무역 중심지였다가 그리스와 터키 사이에서 주인이 바뀌는 등 끊임없는 문화가 충돌하는 도시다. 중세에 십자군 전쟁 당시 만들어 논 옛 성곽마을이 꼬불꼬불하지만 아직도 잘 보존되어 있다. 우리나라 순천에 있는 낙안읍성과 비슷하지만, 여기는 규모가 크고 다르다.

우리가 탄 배는 '킹 하롱'호로 공기부양 쾌속선이었다. 그리스의 로도스 섬을 출발한 지 1시간 만에 터키 마르마리스 항에 도착했다. 핀란드를 통과해 유럽연합으로 들어온 지 두 달이 조금 지나 터키로 간다.

# 터키

파묵칼레에서 맞이하는 추석

내일이 추석이다. 우리가 머물고 있는 터키의 파묵칼레에서는 명절의 특별한 분위기를 느끼지 못했다. 작은 딸이 전을 부쳐 저녁에 결혼한 큰 딸 집으로 가서 함께 추석을 보낸다고 한다. 아내는 추석날 아침 아이들하고 카톡을 주고받으며 대견해하면서도 먼 나라 그것도 조그만 호텔에서 보내려니 무척 서운한 모양이다. 명절은 준비하느라 번거롭기는 해도 역시 가족과 함께 북적거려야 제 맛이다. 식구들과 떨어져 우리 부부 둘만 있으니 왠지 외로움마저 느껴졌다.

사람은 아무리 금슬이 좋은 부부나 부모 자식 간이라도 언젠가는 헤어져야 하는 숙명을 가지고 산다. 앞으로 한참 세월이 지나 우리가 없는 세상에서 두 자매가 항상 따뜻한 마음을 나누며 사이좋게 지내길 바랄 뿐이다. 아마 우리 부모도 우리들을 키우면서 그런 마음이었을 것이다. 이제 어느덧 우리가 그런 생각을 할 중년의 나이가 된 것이다.

이번 추석은 슈퍼 문이라고 한다. 한국에서는 날씨가 무척 좋아 훨씬 잘 볼 수 있다는데 우리는 내일 밤 카파도키아로 가는 날이다. 아내는 이번 여행을 마치고 나면 앞으로 1년간은 꼼짝 않고 집에만 있겠다고 한다. 세계 일주란 남들은 부럽고 좋아 보일지 몰라도 여행자에게는 당장 몸이 피곤하고, 불편함이 늘 옆에 따라 다니기 마련이다. 아무리 좋은 숙소라도 내 집과 비교할 수가 있겠는가?

자유여행이라는 것이 말 그대로 자유로워서 좋기도 하지만 낯선 나라에 가서 모든 것을 스스로 구하고 정해야 하기 때문에 그리 만만치 않은 일이다. 스스로 선택한 길이니 누구를 탓할 수도 없고 싫으면 당장 그만두더라도 누가 뭐라고 할 사람도 없다. 명절 날 객지에서 보내며 느낀 감정이다. 그러나 내일이면 다시 가슴이 뛰고 힘이 날 것이다.

카파도키아에서

'카파도키아'라고 하면 열기구를 타고 하늘을 나는 모습으로 세계에서 가장 유명한 곳이다. 새벽에 열기구를 타고 하늘을 떠다니는 모습을 찍으러 뒷산에 올라갔다. 아침 6시가 조금 넘어 새벽 여명과 함께 벌룬들이 여러 곳에서 올라가고 있다. 처음부터 힘차게 올라가는 것도 있지만 바람을 잘못 받아서인지 시원치 않은 것도 있다. 돌기둥들이 있는 카파도키아의 지형과 어울려 장관이다. 항공사 홍보용도 보이고 터키 국기도 보인다.

카파도키아는 로마시대 기독교 탄압을 피해 몰려 살았던 곳으로 동서를 잇는 실크로드의 중간기점 중 하나였다. 화산 폭발 후 오랜 풍화 작용으로 돌기둥들이 형성되어 있어 만화 영화에 나오는 분위기 같았다. 우리가 묵은 숙소도 돌기둥을 판 다음 동굴과 연결하고 바닥은 주로 대리석을 사용해서 지었다. 레스토랑도 그렇고 여기는 대부분 테라스나 옥상에 공간을 만들어 식사를 하는데 특히 저녁에는 돌기둥의 불빛과 잘 어우러져 환상적인 분위기를 만들어 낸다. 집 안 거실이나 벽면은 구멍이 숭숭 뚫린 하얀 화산석으로 꾸며 놓은 것 같은 느낌이다. 문제는 가방이나 옷에 하얀 석회 같은 것들이 묻어 나오고 건조하다는 생각이 들어 벽면에 물을 뿌리자 바로 스며들지만 좋지 않은 냄새가 났다. 며칠만 묵었다 가서 다행이지 이곳에서 오래 산다면 건강을 위해서는 다른 대안을 마련해야 할 것 같다.

이제 세계 일주의 끝이 보이기 시작한다

러시아와 유럽을 거쳐 터키까지 오면서 주로 버스를 이용하고 나머지는 열차나 배를 이용해 여기까지 왔다. 터키에서 이집트를 육로로 가려면 시리아와 레바논, 이스라엘을 거쳐 가야 하는데 위험하기도 하고, 굳이 사서 고생할 이유가 없다는 생각이 들었다. 이제부터는 이동하는 국가가 워낙 거리가 멀어 주로 비행기를 이용하기로 했다. 터키 이스탄불에서 이집트 카이로, 아랍에미레이트 두바이, 인도 뉴델리까지 비행기 티켓을 한꺼번에 예약하고 났더니 이제 서서히 집이 가까워지고 있다는 실감이 난다. 1년간의 세계 일주의 종착지가 서서히 보이기 시작한다.

이집트

피라미드가 있는 기자

오래 전부터 아프리카, 그것도 카이로에 가보고 싶었다. 바로 인류의 7대 불가사의 중에 하나인 피라미드와 스핑크스 때문이었다. 어릴 때부터 책이나 사진으로 보면서, '인디아나 존스'나 '미이라' 같은 영화 속에서 본 그곳은 과연 어떻게 생겼을까? 궁금했었다. 아내 역시 이번 여행 중에서 꼭 가보고 싶은 필수 코스로 꼽았었다. 드디어 그 카이로에 왔다.

카이로 시내에서 스핑크스가 있는 기자는 그리 멀지 않아 아프리카에서 하나밖에 없다는 지하철을 타고 가기로 했다. 지하철은 입구에 푸른색 바탕에 붉은색으로 M이라고 표시된 곳에 지하철역이 있다. 지하철 입구 계단을 내려가면 경찰이 있고 가방은 엑스레이 기기를 통과시켜야 안으로 들어갈 수 있다. 카이로에는 두 개의 노선이 있는데 붉은 색은 1호선 그린 색은 2호선이다. 사람들은 우리 같은 동양인들이 신기한 듯 쳐다보고 간단히 말을 붙여도 본다. 용기가 있어 보이는 아이가 말을 걸며 악수를 청해 오기도 하고, 눈이 마주치면 안 본 듯 얼른 고개를 돌리지만 서로 키득거리며 웃는 아이들도 있다. 빈자리가 생기자 외국인 여자인 아내에게 자리도 양보해 줬다. 무척 착해 보였다. 그러고 보니 우리가 탄 칸에 여자는 아내 한 명밖에 없다. 여성 전용 칸이 따로 있다는 것을 나중에야 알았다.

　카이로도 교통이 혼잡하기로 둘째가라면 서운할 것이다. 카이로 시내를 돌아다니는 버스는 작은 봉고차나 밴 같은 크기가 대부분이고, 그나마도 우리나라 같으면 거의 폐차 수준이다. 횡단보도와 육교는 보이지 않고 복잡한 찻길을 잘도 건너간다. 배여사와 둘이서 손을 꼭 잡고 길을 건너가는데 희한할 정도로 차와 사람들이 아슬아슬하게 잘 피해 간다. 미니버스를 타자 이번에는 사람들이 타고 내리는 문도 열어 놓은 채 달린다. 처음에는 모든 것이 위험하고 무질서 투성이로 보이더니 시간이 지나자 이제는 스릴과 모험이 느껴지고 재미가 붙었다.

카이로 골목에서 느낀 이집트

사람들이 건물과 건물 사이 그늘진 공간에 플라스틱 의자와 탁자를 놓고 앉아 있다. 조그만 나무 박스 안에다 주사위 두 개를 던지는 놀이를 열심히  하고 있다. 젊은 남녀는 핸드폰을 가운데 놓고 연신 웃고 있다. 맥주나 탄산음료는 보이지 않고 모두 차에다가 설탕 듬뿍이다. 한쪽에서는 나이든 어르신들이 물 담배를 물고 삼라만상을 관조하며 지난날들을 복기하는 듯하다.

이집트에서는 여자들이 검은 천을 두르고 있지만 대부분 뚱뚱해 보인다. 가려진 얼굴이 오히려 신비감을 줘서인지 눈이 맑다. 남자들과 눈을 마주치지도 않지만 아내와는 같은 여자라 그런지 눈인사를 하며 아는 척을 한다.

거리에서 다투는 소리는 자주 들려도 조금만 지나면 금방 쿨하게 끝난다. 어느 아주머니가 넘어지면서 이고 있는 짐을 떨어뜨리자 옆에서 길을 지나던 사람들이 모두 달려들어 부축도하고 짐을 챙겨주는 인정과 따스함을 가지고 있다.

새벽부터 밤중까지 기도소리가 수시로 확성기를 통해 흘러나온다. 한국에서 교회 종소리도 들은 지 오래된 이방인에게는 무척 자주 들린다고 느껴진다. 지하철 한편에도 공항에도 진지하게 기도하는 사람들을 자주 본다. 이슬람 국가는 종교를 먼저 이해해야 국가를 이해할 수 있다고 한다.

그들은 스스로를 이집션이라고 말한다. 주관적인 생각이지만 이집트인들의 외형에 대한 공통점이 느껴졌다. 머리는 모두 검은 색에 짧게 깎은 곱슬머리다. 눈 색깔은 검고 백인과 흑인의 혼혈이 오랫동안 지나면서 하나의 인종으로 굳어진 것으로 보인다. 터키에서도 느꼈지만 무슬림들은 머리를 모두 짧게 깎는 것 같다. 하물며 길거리 걸인들까지도 모두 짧은 머리다.

세계 일주를 하면서 느껴지는 특징이 있다. 어느 나라에서나 비슷하지만 화이트칼라 직업에 종사하는 사람들은 백인 색깔이 강하고, 육체적인 노동의 강도가 강할수록 피부색깔은 더 검다는 생각이 들었다.

룩소르에는 강 옆 마을을 '은행'이라고 한다

룩소르에 가면 나일강을 중심으로 동쪽 지역을 '이스트 뱅크(East Bank)' 서쪽지역을 '웨스트 뱅크(West Bank)'라고 한다. '뱅크(Bank)'가 은행이라는 뜻도 있지만 여기서는 강과 붙어 있는 연안 마을이라는

뜻을 가지고 있다. 예를 들어 강동구, 강서구라고 하는 이치와 같다.

　우리가 역사 시간에 배운 세계 4대 문명이라고 하면 모두 강과 연관이 있다. 이집트의 나일강, 중국의 황하, 인도의 갠지즈강, 메소포타미아의 유프라테스와 티그리스강이라고 배웠다. 이번 여행에서 나일강과 갠지즈강을 만나 볼 수 있을 것 같다. 그들의 문명에 대해 오래 전부터 놀라움과 부러움을 가지고 있었다. 직삼각형의 가로와 세로, 대각선의 비율은 3:4:5라는 정의를 우리나라가 역사 속에 나오기 한참 이전인 몇 천 년 전에 했으니 말이다. 매년 찾아오는 나일강의 홍수가 지나

가고 다시 비옥해진 땅을 구분하기 위해서 만들어진 수학을 지금도 우리가 사용하고 있으니 감탄할 따름이다. 중학교 수학시간에 배운 피타고라스의 정의가 만들어진 그 강과 삼각주에 와 있으니 꿈만 같다.

아랍어가 훨씬 간편하다?

룩소르에서 점심을 먹으러 어느 식당에 들어갔다. 음식을 주문하다가 아랍어로 적힌 메뉴를 보고 잘 모르겠다는 표정을 짓자 종업원인 듯한 젊은 친구가 다가와 어느 나라 사람이냐고 물었다. 한국 사람을 어떻게 쓰냐고 해서 그들이 알고 있는 코리아라고 발음하며 한글로 '코리아'

라고 썼더니 바로 요상한 아랍어 한 글자를 쓰면서 자기들은 간단히 한 글자인데 한글은 왜 어렵고 길게 '코리아' 3글자나 쓰냐며 웃는다. 우리나라 한글이 세계 최고의 언어라고만 배웠고 그것이 진리라고만 생각했지 그들의 입장에서는 한 번도 생각해 보지 않았다. 아랍어는 한글이 만들어지기 한참 전인 기원전부터 사용되어 온 언어로 이슬람 경전의 주를 이루는 언어라 세계 3억이 넘는 사람들이 사용하고 있다. 우리가 매일 일상에서 사용하고 있는 아라비아 숫자는 인도에서 고안되긴 했지만 아랍인들을 통해서 전 세계에 전파된 것이다. 과학적 우수성을 떠나서 언어라는 것은 얼마나 많은 사람들이 사용하느냐? 하는 보편성이 우선인 듯하다. 자신이 배우고 속해 있는 문화와 관습들만이 옳다고 생각하고, 모든 것들이 검증되어 있지도 않으면서 나 혼자만 진리라고 믿고 있는 것들도 있을 수 있다. 요즘 텔레비전 뉴스를 보면 무슬림과 관련된 보도들을 무척 자주 보게 된다. 우리는 차라리 모르는 것보다 못한 아집과 편견들로 다른 사람들을 보고 있는지도 모르겠다. 이집트 청년의 확신에 찬 웃음을 보고 여태껏 생각하고 행동했던 나를 잠시 돌아보게 되었다.

아랍에미레이트

두바이

이집트 카이로에서 아랍에미레이트 항공을 타고 몇 시간 동안 사막만 봤다. 그러다 드디어 거대한 야자나무가 바다에 누워 있는 광경을 발견했다. 바로 두바이가 자랑하는 팜 루메이라(palm Jumeirah)다. 그리고 온통 회색빛 모래사막에 하늘을 찌르는 건물들이 모여 있다.

진주 조개잡이로 살아가던 조그만 어촌 마을이 석유가 발견되고 나서 세계에서 가장 높은 건물을 가진 도시로 변했다. 바다에 야자수 모양의 인공 섬들을 만든 뒤로 더욱 유명해져 인간의 아이디어와 돈의 힘을 입증하는 도시가 되었다. 무더운 사막의 날씨에 모든 고층건물에서 내뿜는 에어컨의 시원함과 팬의 뜨거움이 같이 뿜어져 나오고 있다. 자연을 극복하며 살 것인지 아니면 그냥 주어진 대로 살 것인지! 사람이 살아

가는 두 가지 방법 중에 어느 것이 더 좋은 것일까?

저녁에 사막 한 가운데서 펼쳐지는 분수 쇼는 미국의 라스베이거스처럼 화려함의 극치였지만 40도가 넘는 무더운 날씨에 강제로 뿜어져 나오는 습기가 카메라에 엉겨 붙는다. 큰 도로변 사막에 만들어진 골프장은 시민들의 체력과 건강을 위해서는 꼭 필요한 시설이고 좋은 아이디어 같지만 골프를 치는 사람은 거의 보지를 못했다. 나 역시 골프를 좋아하지만 사막 한가운데 만들어진 두바이에서 골프를 치자고 하면 써~억 내키지가 않을 것 같다.

우리는 그동안 자연에 순응하며 살아가는 것을 보고 자연스럽다고 표현해 왔다. 반면에 사막위에 세워진 미국의 라스베이거스와 같이 혹독한 자연환경을 인간의 의지로 바꾸어 가며 살아가는 모습들을 보기도 한다. 지금 두바이는 인간의 무한한 상상력으로 변하고 있다. 진주조개를 잡던 조그만 어촌마을 두바이가 세계로 도약하고자하는 그들의 꿈을 이루길 기원해 본다.

 **인도**

인도로 가는 길

이번 세계 일주 중에서 방문하기 전에 미리 비자를 발급받아야 하는 나라는 모두 세 나라로 미국, 인도, 미얀마였다. 두바이를 지나면 바로 인도라 미리 비자를 준비해야 한다. 미국 비자를 받을 때는 아주 간편했는데 인도는 입력하는 항목이 엄청 많았다. 학력과 종교에서부터 시작해 어머니와 아버지의 이름과 국적, 출생지… 하여튼 채워야 할 빈칸이 너무 많고 잘못하면 완전히 처음부터 다시 시작해야 한다. 여권과 사진도 이미지로 넣어야 하는데 크기와 형식이 맞지 않아 또 멈췄다. 성질이 급하다는 우리나라 사람들은 특히 인내력이 필요하기 때문에 인도에 도착하기 일주일 전부터 준비를 해야 그들의 느림의 속도를 수용할 수 있다.

델리공항에 도착해 입국심사 대에서 줄을 서 기다렸다. 사람들이 한없이 밀려 있는데도 불구하고 카운터는 3군데만 가동하고 있다. 순서를 기다리고 있던 외국인들이 카운터를 늘려 달라고 항의를 해도 끄떡도 하지 않는다. 1시간 반을 기다려 드디어 순서가 되어 인터넷으로 발급받은 e-VISA를 제시하자 e-VISA 창구는 다른 곳에 있단다. 진즉 알려 줄 것이지 인터넷으로 발급받은 사람들은 다시 다른 줄을 서 기다리다가 지문을 채취하느라 또 거의 한 시간이 넘었다. 인도는 정말 느리다.

인도에서는 유명 관광지나 열차를 탈 때 외국인들에게 전용 창구를 만들어 특별대우를 해주는 곳이 많다. 대신에 가격을 비싸게 받는다. 타지마할에 가서 티켓을 사려는데 안내하는 사람이 텅 빈 창구를 가리키며 외국인 전용 창구로 가라고 안내한다. 현지인에 비하여 과할 정도로 가격 차이가 많지만 어쩌겠는가? 내가 인도인이 아닌 것을!

'현빈'을 좋아한다는 뉴델리의 '라빈'

이집트 여행 중에 우리나라 대학생이 소개해 준 뉴델리 역 앞, 한국인이 운영하는 카페에 가서 김치찌개와 제육볶음을 먹었다. 얼마 만에 먹어보는 한국음식인지 모르겠다. 주인은 한국인 아가씨로 인도에 여행 왔다가 인도의 매력에 푹 빠져 아주 눌러 앉아 버렸단다. 인도에서 사용할 핸드폰 칩을 부탁했더니 한국어를 할 줄 아는 현지인 '라빈'이라는 친구를 소개해 주었다.

낮에 '라빈'이 근무하고 있는 가게에 가서 핸드폰 칩을 장착했다. 가게라고 해 봐야 우리나라 통신회사 대리점과 달리, 조그만 구멍가게에서 한쪽에서는 차를 팔고 또 다른 쪽에서는 항공 화물을 취급하는 복합 매장이었다. 그나마 가게도 작은 아버지가 주인이고 자신은 월급을 받는 종업원이라고 한다. 꽤 능숙한 한국어 실력으로 우리나라 여행자들이 필요로 하는 열차 티켓이나 숙소를 예약해 주는 일을 주로 하고 있었다. 한국어는 현빈을 좋아해서 그가 나오는 드라마 대사를 외우며 익혔다며 자신을 인도의 현빈인 '라빈'이라고 소개를 했다.

낮에 아내의 양산을 라빈의 가게에 두고 와 저녁에 찾으러 갔더니 밤늦게까지 가게에 있었다. 늦게까지 일하면 월급이 많겠다고 농담을 했더니 1주일에 25달러, 한 달에 100달러라고 한다. 그렇지만 이보다 못한 사람이 훨씬 많다며 자신은 굉장히 행복한 사람에 속한다고 했다. 결혼을 했다는 친구가 그렇게 월급이 적어서 살아갈 수 있을까 싶었지만 인도니까 가능할 수도 있겠다는 생각이 들었다. 딸이 하나 있는데 사진을 보여 주며 무척 예쁘다고 자랑이다. 그러면서 한국에 가서 돈을 많이 벌어 훌륭하게 공부시키고 싶다고 한다. 한국으로 불러 주면 평생 아들 하겠다며 아빠라고 부르며 너스레를 피운다. 쓸데없는 기대를 갖지 않도록 은퇴했다며 말을 돌렸지만 한편으로는 안타깝다는 생각이 들었다. 한 달에 100달러의 월급을 받지만 자신을 행복하게 사는 사람이라고 생각하는 나라가 인도다.

어제는 힌두 사원에 다녀왔다. 사원 안에는 남녀노소 모두 진지하고 경건해 보인다. 불교의 목탁 대신에 조그만 북을 손으로 치면서 리듬에 맞춰 여자들의 기도문 같은 합창 소리가 사원에 울려 퍼진다. 모두에게 마음의 평화와 영생불멸을 바라는 내용 같다. 인도인들은 학교를 통한 의무교육보다는 어려서부터 나쁜 짓을 해서는 안 된다는 종교적 가르침이 자연스럽게 도덕과 윤리교육으로 이어져 선하고 착하게 살도록 교육을 시키는 것 같다. 다음 날 라빈을 만났을 때는 이마에 빨간 물감을 칠하고 있었다. 오늘 아침 사원에 가서 기도를 하고 출근했기 때문에 모든 일이 잘될 것 같다고 웃는다.

타지마할에서

아그라 역에서 릭샤를 타고 타지마할 입구에 내려 적갈색 담장을 따라 안으로 들어가자 정문 사이로 순수함을 상징하는 하얀 그리고 화려한 타지마할이 모습을 드러냈다. 세계 7대 불가사의로 인정할 만큼 장관이었다. 1631년도에 만들었다는데 당시 장인들의 솜씨는 가히 하늘에서 내린 것 같았다.

타지마할에서 나와 바라나시로 가는 기차를 타기 위해 버스터미널로 갔다. 버스는 아마도 타이어가 없든지 아니면 완충 장치가 나오기 이전에 생산된 차인 건지 조그마한 장애물만 있어도 충격이 심했다. 하지만 차에 탄 사람들은 모두가 천사였다. 우리 부부를 이상한 나라에서 온 사람같이 모두 신기해하며 쳐다보았다. 아내 옆에 앉았던 할머니는 말은 통하지는 않지만 마치 오랜만에 친정에 온 딸같이 손도 만져 보고 연신 웃는다. 그리고 우리가 툰들라로 간다는 것을 알고 나서는 중간에 눈이 마주치면 더 가야 한다는 눈짓을 주었다.

툰들라 버스 종점에 도착하자 기차역은 바로 옆이었다. 저녁 기차를 타야 하니 상당히 기다려야 했다. 가까운 레스토랑에 가서 차도 마시며 메일도 열어 보고 인터넷을 볼 생각이었지만 이 동네에서는 지구상

에는 그런 것들이 존재하지 않는 것 같은 분위기다. 다행히 열차 역에 있는 웨이팅 룸에서 5시간 정도를 버텨 보기로 했다. 큰 역이라 열차가 수시로 정차하면 잡상인들이 달려들어 물건을 파는 소리에 한동안 시끄럽다가 다시 또 잠시 조용해진다. 어두워지자 역에 있는 선로와 공간에는 쥐들이 들끓고 이따금 웨이팅 룸에도 수시로 기웃거린다. 고양이 같은 천적이 없어서 그런지 사람이 지나가도 피하지도 않고 능글거린다.

기차에서 사람들이 내리자 오토바이를 개조해 만든 툭툭이 기사들의 호객행위로 난리가 아니다. 열차가 출발하기 전에 지루함을 달래러 역 앞에 나갔더니 마침 퇴근 시간인지 길에는 자신의 존재를 알리려는 경적 소리로 귀가 멍멍하다. 모터가 달린 모든 교통수단의 배기통으로 검은 매연을 잔뜩 뿜으며 다닌다. 인도인들은 오토바이나 릭샤, 자동차를 운전할 때 억눌렸던 분노를 폭발시키는 느낌이 든다. 뉴델리에서도, 아그라나 툰들라에서도 여행자에게 다가오는 느낌은 똑같다. 서로 먼저 가려고 머리를 내밀다 엉켜 붙어 있어 혼란스럽다 못해 정신이 없다. 어쩌다 교통경찰이 있지만 그런 일은 다반사이고 시간이 지나면 알아서 해결된다는 것을 이미 알고 있는 양 그냥 보고만 있다.

고압 전기를 피해 홈과 홈 사이를 오가는 육교는 무척 높지만 어디에도 에스컬레이터나 엘리베이터가 없다. 우리가 문명과 편안함 속에 너무 오래 살고 있었는지도 모르겠다. 한강 물에 냄새가 나고 동네마다

시궁창이 흐르던 시절이 없었던 것같이 잊어버리고 살았다. 열차는 출발 시간보다 8시간이 지나서야 홈에 나타났다. 그러나 어디에도 항의하거나 불평하는 사람도 없다. 인도에서 열차가 지연되는 것은 국민 모두가 당연한 것으로 알고 있다. 여행 중에 만난 공무원들은 시간이 나면 일 보다는 대부분 핸드폰 속에서 미래의 국가 전략을 세우는 것 같고, 경찰들은 그늘 속에서 끼리 끼리 모여 앉아 치안을 논하고 있으며, 길거리에 서민들은 오토바이나 릭샤로 자신들의 울분을 토해 내려는 듯 경적을 울려 대고 있다. 이방인이 보기에 인도인들은 혼돈 속에서 각자가 스스로 알아서 살아갈 길을 찾아가고 있는 것 같다.

인도는 사람과 동물 모두가 순하다

바라나시는 인도 북부 갠지스 강 중류에 있는 가장 오래된 도시 중 하나이며 힌두교의 성지이다. 이곳 갠지스 강에서 목욕을 하면 전생과 이생의 업이 씻겨 내려가 면죄를 받는다고 믿기 때문에 매년 수많은 힌두교 순례자들이 찾는다. 과거 대 저택과 같은 역할을 한 가트(Ghat)와 강 사이에 목욕을 할 수 있는 계단이 만들어져 있다. 한쪽에는 죽은 사람을 화장해 갠지스 강에 뿌리는 화장터도 있다. 삶과 죽음, 전생의 업과 면죄가 공존하는 곳이다.

염소가 돌아다니다 채소가게에서 버린 야채 시래기들을 먹으면서 자연스럽게 청소를 한다. 리어카에서는 사람들에게 주스를 짜서 팔고 남

은 과일 찌꺼기들을 통에다 모아 놔두었다가 지나가는 소에게 먹이면서 복도 받고 쓰레기도 처리한다. 골목길을 돌아다니는 소들은 주인이 있는 경우도 있지만 대부분 없다고 한다. 주인 없는 소들은 무얼 먹고 어떻게 살아갈까? 인도인들은 사람뿐만 아니라 동물들에게 먹이를 주면 복을 받는다고 생각하기 때문에 누군가는 먹이를 주기 때문에 다 먹고 산단다. 그리고 그 동물이 죽으면 먹지 않고 갠지스 강에 버려 하늘로 가도록 해준다. 사람들 모두가 착한 마음만 갖게 만든다면 먹고, 살고, 죽는 문제에 대해서는 그리 걱정을 하지 않아도 이 세상은 잘 돌아간다고 믿으며 살아가고 있다.

골목길 한쪽에 개 두 마리가 죽어있다. 큰 짐을 든 아저씨가 길을 비키라고 지팡이로 두 번 건드리자 죽은 줄로만 알았던 개가 일어나 한쪽으로 자리를 옮겨 또 다시 꼼짝하지 않고 눕는다. 바로 옆에 오토바이가 지나가며 경적을 울려도 끔쩍도 안고 잘도 잔다. 사람들에게 짓지도 덤비지도 않고 먹고 싶은 음식이 있으면 그 가게 앞에 쭈그리고 앉아 있으면 먹이를 준다. 인도인들은 음식점에서 오늘 팔고 남은 음식이 있으면 남겨 놨다가 다음에 파는 것이 아니라 가게 문을 닫기 전에 사람이나 동물들에게 나누어 준다고 한다.

미얀마

미얀마 양곤

우리나라 중년들은 이회택, 김호, 김정남 선수가 축구 국가대표로 활동하던 1970년대 국제대회 중요 경기에서 버마와 자주 결승전을 치르면서 손에 땀을 쥐며 라디오를 중계방송을 듣던 기억들이 생생하다.

한때 우리에게 버마로 알려진 미얀마는 11세기 바간을 중심으로 불교를 숭상하는 통일 왕국으로 번성과 부침을 거듭하다가 19세기 아시아로 진출하려는 영국과 3차례의 전쟁에서 패해 식민지가 되었고 인도의 한 주로 편입되는 수모를 겪게 되었다.

2차대전이 끝나고 영국으로부터 독립 후 내분이 계속되다 쿠데타로 군사정부가 들어서 불교와 공산주의 계획경제가 혼합된 이른바 "버마식 사회주의"를 시행하였다. 결과적으로 경제는 50년간 시간이 멈춰버려 당시 아시아의 강자에서 최빈국으로 전락했다. 최근 민간 정부로 이양하면서 새롭게 도약을 준비하고 있다.

미얀마는 남자들도 천으로 두른 치마를 입고 다닌다. 대부분 키가 작고 왜소해 보이지만 어쩌다 눈이 마주치면 하나같이 착하고 하얀 미소를 건넨다. 한국인이라고 말하면 반가워하며 젊은 친구들은 같이 사진을 찍자고 한다. 하루에도 몇 번씩 전기가 나갔다 들어오기 때문에 전기가 들여온다는 자체를 감사히 생각해야 한다.

쉐다곤 파고다

양곤에는 '쉐다곤 파고다'가 있다. '쉐'는 금을 의미하고 '다곤'은 현지의 지명, '파고다'는 불탑을 뜻하는 말로 "다곤에 있는 금으로 된 불탑 사원"이다. 불교사원의 둘레가 400m, 금박을 입힌 높이가 100m나 되는 불탑들이 있다. 사원에는 정성스럽게 기도하는 사람들이 많다.

인도네시아

인도네시아 발리에서

발리에서는 여러 곳을 다니기 보다는 편하게 쉬었다가는 힐링의 시간을 갖기로 했다. 거의 1년 동안 세계일주를 하면서 쌓인 피로도 풀고 사진도 정  리하면서 푹 쉬어가기로 했다. 숙소도 시내에서 조금 떨어진 한적한 시골마을에 여장을 풀었다. 현지인들의 생활 속으로 들어가 보고 싶었다.

인도네시아 사람들은 주로 이슬람을 믿고 있는 데에 반해 발리 사람들은 대부분 힌두교를 믿고 있다. 집집마다 신전을 갖추어 놓고, 아침에 일어나서 제일 먼저 맑은 물과 꽃을 신전에 바치고 일을 시작한다. 새벽마다 옆집에서 수탉이 홰를 치며 꼬끼오를 외쳐 댄다. 얼마 만에 들어 보는 정겨운 소리인지 모른다.

　우리나라 사찰 입구에 가면 '불이문'이 있듯 발리의 사원입구에는 '짠디 부따르'(갈라진 문)가 있다. 불이문이란 원래 진리는 둘이 아니라는 의미다. 부처와 중생이 다르지 않고, 만남과 이별, 생과 사, 모두 근원은 하나라는 것이다. 그 뜻을 이해하면 해탈할 수 있으며 진리의 세계로 들어간다는 뜻이 담겨있다. 짠디 부따르도 속세의 세계에서 신성한 세계로 들어감을 의미하니 서로 다른 종교이지만 서로 일맥상통 한다고 볼 수 있다.

　어제는 가수 이용이 일 년 중 가장 바쁘다는 10월 31일이고 오늘은 마침 우리 배여사의 생일이다. 그나마 발리에서 보내고 있어서 다행이다. 어젯밤은 발리의 명물이라는 '바비굴링(Babi Guling)'으로 생일 전야제를 했다. 새끼 돼지 바비큐로 현지인들이 좋아하는 음식이다. 찬바람이 불면서 으스스해질 때 부르는 '10월의 마지막 밤'이라는 노래를 무더운 인도네시아 발리에서 불러도 분위기는 괜찮았다.

발리, 아내가 울고 있다

하루는 아내가 없어 졌다. 밀린 사진들을 정리하다 보니 꽤 오랜 시간이 흘렀을 것 같다. 불러도 대답이 없고 숙소에는 보이질 않았다. 놀란 마음에 밖에 나가 봤더니 옆집 그늘 밑에서 코코넛 껍질을 까고 있던 현지인 아주머니와 손을 맞잡고 울고 있는 것이 아닌가. 깜짝 놀라

"왜, 무슨 일인데?" 하고 물었더니

"이 아주머니 이야기를 들으니 너무 마음이 아파서 그래"

"뭐?"

"글쎄, 이 아주머니가 중고등학교에 다니는 아들 둘이 있는데 공부시키고 뒷바라지 하면서 먹고 살기가 너무 힘들다며 울면서 하소연 하길레, 나도 모르게 눈물이 나서 같이 울었어!"

"다른 일 없는 거지?"

"응!"

그러더니 오후에는 둘이서 시장도 다녀오고 저녁에는 그 집에서 현지인들 음식으로 함께 파티도 열었다. 다음날 아무리 생각해도 이해가 가

지 않는 것이 있었다. 전업주부인 아내는 생활 영어야 어느정도 한다지만 인도네시아 발리, 그것도 시골마을 아주머니와 어떻게 대화가 통하는지 얼른 납득이 되지 않았다.

"배여사, 아주머니가 영어를 잘하던가?"
"처음에는 영어로 해 보려고 했는데 아주머니가 전혀 모르더라고."
"그래서 어떻게 했어?"
"여자들은 감성이 발달해 있어서 몇 개 단어하고 손과 얼굴 표정만으로 상대방의 마음을 이해할 수 있어. 그리고 마음을 열면 금세 친해져"

여행을 출발 할 때만해도 외국인들이 말을 걸어오면 "이 사람이 뭐라고 하는데 도무지 못 알아듣겠어?"하며 나를 앞세우던 아내가 한 두 달이 지나자 음식점에 가면 알아서 주문을 했다. 서너 달이 지나자 다른 여행자들과 서로 인사도 나누곤 하더니 대여섯 달이 지나자 비슷한 또래의 여자들과는 수다(?)도 떨고, 영어를 쓰지 않는 나라에서도 혼자서 물건도 사고 마음에 들지 않으면 바꿔 오기까지 했다.

세계일주를 한다고 했더니 나의 영어 실력을 이미 알고 있는 가까운 친구들은 걱정을 많이 했다. 그러나 남미에 가려면 스페인어를 해야 하고 러시아를 가려면 러시아어, 독일어, 불어, 아랍어, 중국어... 아무리 조금씩만 안다고 해도 그 많은 언어를 언제 공부해서 여행을 시작할 수 있겠는가? 많이 알수록 좋겠지만 현실적으로 불가능한 일이고 언어 공부하려고 떠나는 여행이 아니다.

중요한 것은 열린 마음과 도전의식이 있으면 언어는 그다음 문제라고 생각한다. 여행에 필요한 최소한의 서바이벌 영어만 몇 번 반복해 읽어보고 출발해도 된다고 본다. 부득이 현지에서 비행기나, 열차 또는 버스 티켓을 구입할 경우 가려는 목적지와 희망날짜를 종이에 메모해서 창구에 제시하면 큰 무리가 없다. 그리고 요즘 발달한 인터넷이나 핸드폰 번역 프로그램을 활용해도 도움이 된다. 현지인들은 그들의 언어가 서툰 외국 여행자들을 어떻게든 도와주려고 노력하기 때문에 조금만 마음을 열고 노력한다면 문제를 해결할 수 있다. 그리고 시간이 갈수록 그런 능력이 향상되고 그렇게 몇 달을 지내고 나면 발전한 자신을 보고 스스로 놀라게 될 것이다.

전 세계의 많은 사람들이 국경과 언어를 떠나서 자유롭게 여행을 하고 있다. 영어를 잘한다고 해서 될 일만도 아니고 많은 외국어를 알아야만 되는 것도 아닌 것 같다. 세계일주는 모든 나라의 언어를 이해하고 소통할 준비를 하고 출발하기 보다는 그들의 문화를 이해하고 존중하려는 마음의 자세가 더 중요한 것 같다. 사람들은 대부분 언어에 대한 부담을 갖지만 그것은 자신의 마음과 생각에 달려 있다고 본다.

롬복 화산 폭발로 발리에서 발이 묶였다

발리에서 머문 지 벌써 10일이 지났다. 그동안 쌓인 피로도 풀 겸 아무생각 없이 무조건 쉬어 보기로 했는데 생각보다 시간이 무척 빠르게 지나갔다. 인도네시아는 적도 선이 통과하는 지역이라 낮에는 햇빛이 강하고 더워서 아침이나 저녁으로 주로 활동한다. 발리해변은 화산 지역이고 파도가 세서 수영보다는 주로 윈드서핑을 즐기는 사람들이 많다.

필리핀 세부로 가기 위해 발리 공항으로 가는 도중 기사가 가까운 섬 롬복에서 화산이 폭발해 오전부터 공항이 폐쇄되었다고 한다. 이런 일은 처음이라 어떻게 해야 할 몰라 잠시 멍했다. 이미 길을 나섰으니 일단은 공항으로 가보기로 했다.

공항에는 사람들이 꽉 차 있고 전광판에는 오전 비행기부터 모두가 캔슬 표시가 떠있다. 출국장으로 들어가는 문을 공항 직원과 경찰들이 책상으로 막은 채 화산폭발로 다음날 오전 8시 반까지 공항을 폐쇄한다고 적혀 있다. 항공사 별로 직원 몇몇이 간이 책상을 놓고 안내하고 있었다. 예약한 티켓을 보이자 항공사 직원이 오늘은 출발할 수 없고 내일 아침 9시에 다시 오라고 안내를 했다.

예약한 비행기를 타지 못하면 우선적으로 조치해야 할 일이 두 가지였다. 필리핀 세부에 숙소를 예약해 놨는데 가격을 할인해 주는 대신에 취소가 불가능한 숙소였다. 일단은 오늘 갈 수 없다는 것을 알리는 게 급선무였다. 그리고 오늘밤에 묵을 숙소를 구하는 일이었다. 급하게 인터넷에 접속해 보지만 모두가 동일한 상황이라 연결이 잘 되지 않다가 어렵게 세부 숙소로 이메일을 보내고 공항 옆 숙소를 구해 자리를 옮겼다.

다음날 공항에 갔지만 공항 폐쇄일이 하루 더 연장되어 있고 어제와 달라진 것이 없었다. 똑같이 발리에서 하루 더 묵을 숙소를 구해야 하고 필리핀 예약을 연기한 숙소에 다시 메일을 보내는 일이 전부였다. 하루 경험을 해봐서 이제는 당황할 것도 없다.

숙소에서 추천을 받아 유명한 생선구이 집을 갔는데 가격이 무척 착하다. 도미 종류의 열대 생선에 양념을 발라가며 코코넛 숯불로 구워 먹는 맛이 일품이다. 저녁에는 가까운 야시장에 나가봤다. 포장마차에서 인도네시아 대표요리라고 하는 닭과 소고기 꼬치를 숯불에 구운 사떼를 먹었다. 매콤 달콤한 소스에 코코넛 숯 향이 배어 있어 맛 역시 최고다.

화산 폭발로 발리에서 예정보다 이틀을 더 묵고 다행히 공항폐쇄가 해제되어 무사히 필리핀 세부로 날아갔다. 느낀 것이 있다. 비행기가 조금이라도 늦으면 한국에서는 손해며 피해 보상이니 어떻고 하면서 난리가 났을 법했겠지만 여기는 무척 조용하고 차분하다. 더구나 천

재지변이나 다름없으니 이곳에서는 화내는 사람이 이상한 사람이다. 덕분에 급한 대로 공항 옆 홈스테이에 머물면서 현지 사람들의 생활 모습도 가까이서 볼 수가 있었고 바다 생선 요리와 꼬치 요리인 사떼를 먹어 봤으니 오히려 여행에서만 느낄 수 있는 새옹지마였다. 좋게 생각하면 모두 좋은 일이다.

 **필리핀**

필리핀 보라카이에서

보라카이는 한국인 여행자들이 하도 많아 마치 제주도 온 것 같은 느낌이다. 숙소에서 해변으로 가는 골목길에 김치를 파는 집이 있다. 맛이 괜찮아 누가 담갔느냐고 물었더니 형이 한국인이 운영하는 호텔 주방에서 배운 기술을 전수받았다고 한다. 김치를 담아 이틀을 숙성시킨 뒤 냉장해서 판다고 하는데 아내 역시 솜씨가 좋다고 인정한다. 숙소 주변 슈퍼는 한국 사람들이 하도 많이 와서인지 한국 라면은 기본이고 꽁치 통조림과 심지어 막걸리까지 있었다.

김치 파는 옆자리에 튀긴 과자 몇 개를 들고 팔고 있는 젊은 아낙이 있다. 엄마 치마 자락을 만지며 놀고 있는 어린 아이의 눈망울을 보고 있으면 뭔가 답답하다. 하루 팔아서 얼마나 남을까? 집에 가서는 무엇으로 끼니를 때우고 먹을까? 이 아이가 자라면서 교육은 제대로 받을 수 있을까? 평생을 살아가면서 얼마나 돈을 모으고, 또 얼마나 즐거움을 느껴 볼 수 있을까? 11월인데도 벌써 성탄 음악이 요란하다. 작년 겨울은 30도가 넘는 더운 남미, 볼리비아에서 크리스마스를 맞았는데 벌써 1년이 되어간다. 이 아이에게도 신의 축복이 있기를 기원해 본다.

마지막 숙소 예약, 아내는 섭섭하단다

보라카이에서 칼리보를 거쳐 마닐라로 간 다음 인천으로 가는 일정을 잡았다. 칼리보에서 인천으로 가는 항공편이 있지만 두 달 전 마닐라에서 돌아가는 티켓을 이미 예약하고 며칠 전 일정 변경까지 했다. 세계 일주의 마지막 종착지 마닐라, 그 다음은 한국이다. 아내가 마지막 머물 숙소까지 예약을 마치고 나니 시원섭섭하단다. 거의 1년 동안 저렴한 가격에 좋은 숙소를 잡으려고 새벽에도 일어나 인터넷 검색을 하던 아내였다. 바로 현금과 직결되는 문제이니 주부로서 오죽했을까? 라는 생각이 들었다. 처음에는 힘들어 했지만 훌륭히 잘해 주었다. 감사하고 대단하다는 생각이 들었다.

오래 전부터 마음먹었고 은퇴를 준비하면서 본격적으로 준비했던 세계 일주가 계획했던 대로 서서히 종착역으로 다가가고 있었다. 계획했던 두 가지 꿈인 아내와 함께 세계 일주와 전원생활을 목표로 했었다. 세계 일주는 계획했던 목표점에 거의 다와 간다.

여행의 막바지에 오니 군대에서 제대를 할 때 생각이 난다. 이제 제대를 하면 바로 취직을 해야겠는데 막상 가보지 않은 길들을 가야 한다는 생각으로 막막했었다. 자신의 의지와는 달리 앞으로 무엇을 어떻게 해야 할까 하는 불확실성이 잠 못 이루게 했었다. 그러나 취직을 하고 어느덧 30년이 지나 정년퇴직을 했다. 퇴직을 하고 세계일주 출발 준비를 할 때만 해도 잘할 수 있을까? 하고 걱정을 했었지만 이제 마지막 역 하나만 남았다. 계획했던 꿈을 이루어 가고 있다. 시원하다. 목적지에 거의 다왔다는 것이 한편으로 섭섭하고 아쉽기도 하다.

우리 집으로 갈 수 있을까?

마닐라에서 APEC 정상회의가 열러 예약한 비행기가 갑자기 취소되었다.

필리핀 TV 뉴스에 박근혜 대통령이 나왔다. 지금 마닐라에서는 APEC 정상회의가 열러 각국 정상들이 속속 도착하였고, 주요 회의가 연일 계속되고 있었다. 여행 중이라 전혀 생각하지도 못했던 일이었다. 여행을 하다 보면 특히 항공기는 버스나 열차와 달리 갑자기 예기치 않는 일들이 발생해 당황하는 경우가 종종 있다.

파리 테러 사건이나 화산 폭발, 국가적 행사 같은 것들이 항공기를 이용하는 여행에서는 변수가 생기기 마련이다. 특히 가격이 저렴한 저가 항공을 이용하는 경우 항공기가 상당히 지연될 것을 항상 대비해야 한다. 저가 항공사의 경우 지연 도착으로 환승하는 항공기를 놓친 경우 약관을 내세우며 책임을 지지 않는 경우가 많고 일정 변경으로 이미 예약해 놓은 숙소 때문에 스트레스를 받는 경우도 있다.

칼리보에서 마닐라로 가는 비행기를 예약해 놨었다. 세계 일주의 마지막 도시, 마닐라에서 필리핀 전통 음식도 먹어 보고 여유 있게 귀국하기 위해서였다. 아침에 칼리보 공항에 도착했더니 길게 줄이 서 있었다.

검색대를 통과한 다음 체크인을 하는데 우리가 예약한 비행기는 운항이 취소되었다고 한다. 불과 며칠 전 발생한 파리 폭탄테러 사건으로 APEC 정상 회의 기간 동안 마닐라 공항의 일반 여객기 운행을 전면 취소했다고 한다. 아무리 정상회의라고 하지만 3일간이나 수도가 있는 공항 전체를 폐쇄하는 나라가 어디 있냐고 따져 보지만 어찌되었든 마닐라 공항은 일반인은 갈 수 없다고 한다. 순간 아내 눈빛이 어두워지면서 자리를 피했다. 갑자기 내 집에 갈 수 없다고 하니 하도 답답해서 눈물부터 나왔다고 한다. 사람이 살다 보면 내 마음대로 되지 않을 때는 화가 나기도 하고 가슴이 답답하다 못해 울컥할 때도 많은 것이 현실이다. 답답한 마음을 진정하고 이 상황을 수습하고 당장 예상되는 문제에 대하여 대안을 마련해야 했다.

카운터 직원에게 다른 대안을 찾아봐 달라고 부탁했더니 마닐라에서 차로 2시간 정도 거리인 클라크 공항으로 가는 비행편이 있는데 이용하겠냐고 물었다. 그렇다면 20일 인천으로 가는 비행기를 탈 수 있으니 그거라도 좋겠다 싶어 OK 하고 예약변경 티켓을 받았다. 그리고 클라크로 간 다음 고속버스를 타고 마닐라로 들어갔다.

드디어 세계 일주를 무사히 마치고 한국으로

　APEC 정상 회의가 끝나고 그동안 취소되었던 항공편들의 운항이 재개되는 날이다. 세계 일주를 마치고 집으로 돌아가는 날이라 아내는 가슴이 부풀어 있다. 어제까지만 해도 예약해 놓은 비행기를 탈 수 있을까? 하고 불안했지만 오늘은 비행기 출발이 조금 지연되었을 뿐 모두 정상적으로 진행되고 있다.

　마닐라에서 인천을 향해 이륙한 비행기가 3시간 남짓 날아 갔는데 갑자기 착륙 준비를 한다고 안내 방송이 나왔다. 혹시나 하는 마음에

놀랐지만 출발 지연을 감안해 더 고속으로 날아온 모양이다. 이제 다 왔구나 하면서 아내가 환호를 한다. 착륙이 끝나고 잘 가라는 기장의 안내 방송이 나오고 비행기가 멈추자 아내가 한동안 눈물을 흘리며 창밖을 보고 있다. 누가 시켜서 세계 일주를 한 것도 아니지만 오랫동안 여행을 하면서 느꼈던 힘든 일들이 한꺼번에 밀려와 눈물이 났다고 한다.

짐을 찾고 밖으로 나오자 딸들이 세계 일주를 마치고 온 우리 부부를 환영한다는 패널을 들고 기다리고 있었다. 한참을 서로 부둥켜안고 오랜만에 만나는 가족 상봉의 기쁨을 함께했다. 드디어 1년간의 세계일 주를 마치고 무사히 우리나라에 도착했다.

모든 것들이 새롭고 감사하다

아이들이 공항에서 집까지 갈 콜벤도 준비해 놓았었다. 차에서 내려 아파트 입구로 들어오자 갑자기 우리 집 비밀번호와 문을 여는 방법도 생각이 나  지 않았다. 옷을 갈아입고 화장실에 들어가니 세면대 높이와 거울, 비누와 수건 위치, 심지어 변기 높이까지도 모든 것들이 나에게 딱 맞다. 세계 일주를 하는 동안 우리 부부는 이방인이고 여행자였다. 며칠이 지나자 서서히 나를 다시 찾았다. 그리고 여태껏 살아오면서 무심하게 봐왔던 모든 것들이 새롭고 감사하다는 생각이 들었다.

작년 11월에 시작해 아르헨티나에서 캐나다까지 아메리카 종주, 블라디보스토크에서 상트페테르부르크까지 러시아 횡단, 핀란드에서 발칸반도를 거쳐 그리스까지 유럽 종주, 터키에서 우리나라까지 아시아 횡단을 하며 1년간 44개국을 여행하고 무사히 귀국했다. 여행 기간과 가본 나라의 숫자보다는 아내와 함께 지구를 한 바퀴 돌아봤다는 데 더 의미를 두고 싶다.

여행을 하는 동안 우리 부부가 함께 느낀 것도 많았다. 무엇보다도 사람은 살아가면서 이루고 싶었던 꿈들이 작아지고 흐지부지해 버리기 십상이지만 마음속에서 오랫동안 간직했던 꿈을 실현하고 나 자신과 아내와의 약속을 지켰다는 점에서 뿌듯하다.

더불어 아내가 이 세상에서 가장 소중한 사람이라는 것을 다시 한 번 느낀다. 늘 감사하다. 시간이 갈수록 여러 가지 어려웠던 일들을 같이 고민하고 해결하면서 부부간에 팀워크가 무척 좋아졌다. 1년간 세계 일주를 하며 같이 경험하고 느꼈던 일이 많이 쌓였다. 덕분에 앞으로 20년이 지나더라도 우리 부부는 대화의 소재거리가 무척 다양하고 많을 것 같다. 그리고 어떤 어려운 일이 생기더라도 함께 헤쳐나갈 수 있다는 자신감도 더욱 생겼다.

이제 집에 돌아왔으니 당분간 그동안 보고 느꼈던 것들을 정리하는 시간을 가지고, 이어서 우리 부부의 다음 목표이자 꿈인 전원생활에 대한 준비를 서서히 시작하려고 한다.

에필로그
아내와 함께한 세계여행을 마치며

우리 부부에게 있어 세계 일주의 의미

세계여행을 출발하기 전 친구들이 잘 다녀오라며 송별식을 해주면서 이렇게 물었다.

"자네 부부에게 세계 일주란 어떤 의미냐?"

그때 평소 생각해 왔던 의견을 친구들에게 말했다.

첫째, 앞으로는 100세 시대라고 하는데 그동안 직장생활 한다고 등한시했던 부부간의 의사소통과 정을 이번 기회에 제대로 다져 볼 생각이다. 나에게 세계 일주란 인생 후반전을 아내하고 재미있게 살기 위한 투자라고 생각한다.

두 번째, 나이가 들수록 마음속에 가지고 있는 꿈을 꺼내어 실현하고 계속 새로운 꿈을 꾸어 가며 항상 젊은 마음을 가지고 살고 싶다. 살면서 꿈을 잠시 멈추거나 뒤로 미루기 시작하면 점점 멀어지는 것이 꿈인 것 같다.

짐을 내려놓으니 이렇게 몸과 마음이 편한 것을!

여행 중에 어느 날 아내가 이런 말을 했다. 세계 일주를 하는 동안 항상 끌고 다니는 이 무거운 가방 속에 있는 물건들은 과연 꼭 필요한 것들일까? 여행을 출발하기 두 달 전부터 수시로 메모를 해가면서 꼼꼼히 준비했었다. 그리고 추가 비용 없이 비행기에 실을 수 있는 무게까지 최대한 가득 실었다. 여행을 시작한 지 한 달이 지나자 가지고 온 음식들은 대부분 바닥이 났지만, 3개월이 지나고도 한 번도 열어 보거나 사용하지 않은 것들도 꽤 있었다. 언제 입을지 모르는 옷들이 대부분을 차지하고 혹시나 해서 가지고 온 잡동사니들이 가득했다. 책들은 다음 여행자들을 위해 숙소에 기증하고 간단한 물건들은 필요해 보이는 현지인들에게 나누어 주었다. 짐들을 정리하자 가방이 무척 가벼워졌다. 아내의 말이 의미심장하다.

"짐을 내려놓으니 몸과 마음이 이렇게 가볍고 편한 것을!"

우리가 살면서 너무 많은 것들을 끌어안고 살기 때문에 삶이 무거운지 모르겠다. 어쩌다 이사를 가려고 하면 몇 년 동안 한 번도 사용하지 않았던 물건들이 잔뜩 나온다. 금방 잊어버려도 될 나쁜 응어리들을 한 다발씩 가지고 있으면서 혼자서 분노하고 마음 상하기도 한다. 몸과 마음속에 잔뜩 가지고 있는 짐들을 모두 내려놓으면 삶이 훨씬 가볍고 재미있을 텐데 말이다. 우리가 사는 세상의 이치를 여행을 통해서 깨닫는 것 같다.

부부의 소중함을 느끼게 된 여행

아내와 둘이서 계획했던 1년간의 세계 일주를 무사히 마쳤다. 걱정과 두려움도 있었고 여행을 하면서 함께 느낀 것도 많았다. 사람은 살아가는 동안 끝없이 배운다고 한다. 한 해 동안 여행을 하면서 접했던 여러 가지 경험들을 통해 시야가 넓어지고 내공이 깊어져 웬만한 일이 생겨도 대범해진 것 같다. 그리고 이 세상 그 누구보다도 바로 옆에 있는 배우자가 가장 든든하고 소중한 사람임을 느끼게 되었다. 나이가 들어 갈수록 부부가 함께 있는 시간이 점점 많아지다가 결국에는 둘만 남는다고 한다. 살아가면서 어떤 어려운 일이 생기더라도 "둘이서 세계 일주도 해봤는데!" 하며 무슨 일이든 해결할 수 있다는 자신감이 생겼다. 앞으로 살아가면서 우리 부부가 함께 지구 한 바퀴를 돌며 경험했던 수많은 이야깃거리가 끊이질 않을 것 같다. 그것이 바로 가장 소중한 자산인 것 같다.

은퇴는 끝이 아닌 새로운 시작

좋아하는 후배가 퇴직을 앞두고 막연한 두려움과 스트레스 때문에 신경질만 내게 되고, 출근할 때는 몰랐는데 아내가 하는 일마다 눈에 거슬리고 마음에 들지 않아 잔소리를 했더니 부부간에도 찬바람이 돌고, 자신도 모르게 말이 퉁명스러워지니 가족 모두 마주치기를 꺼려하더란다. 인생 후반전을 어떻게 살 것인가?

우리나라의 베이비부머들, 한때 우리나라 경제발전의 중심축이었지만 이제는 대부분 은퇴할 나이가 되었다. 직장인들은 언젠가 퇴직을 한다. 막연한 두려움과 우울함으로 스트레스를 받을 필요가 없을뿐더러 받는다고 더 좋은 결과가 오는 것도 아니다. 회사라는 조직과 일, 회의와 실적, 피곤과 스트레스, 돈과 가족 부양, 아버지…. 정년이 되어 퇴직한다는 것은 이런 의무로부터 서서히 자유로워지고 있음을 의미하며 한편으론 즐거움의 시작이다. 퇴직을 이미 했거나 앞둔 우리나라 베이비부머들에게 감히 말하고 싶다. 치열했던 전반전을 잘 끝냈으니 이제 여유 있는 후반전을 즐길 때가 되었다. 60세는 인생 2막의 시작에 불과하다. 은퇴했다고 주눅 들어 있지 말자. 여기까지 온 것만으로도 당신은 이미 성공한 사람이다. 이제 그동안 작아지거나 잊어버린 꿈들을 돌이켜 생각해 볼 때가 되었다. 그리고 하나씩 꺼내 새롭게 다듬고 도전하고 실천에 옮겨 보면 삶에 생기가 돌고 훨씬 즐거울 것이다.

이제 대한민국도 나이가 들수록 부부 여행자가 많아지기를 바란다

세계여행을 하다가 중년 여행자들을 만나 보면 서양인들은 대부분 부부가 함께 여행을 다닌다. 그러나 한국인들은 친구나 모녀인 여자들끼리만 다니는 모습이 많이 보인다. 어쩌다 해외여행을 가려면 몇몇 부부가 모여서 패키지여행을 간다. 그리고 다른 부부들과 비교하면서 서로 자존심을 건드리고 마음에 상처를 주며 부부싸움을 하고, 다시는 같이 다니지 않으려고 한다.

나는 중년이 되어 갈수록 둘이서 손잡고 여행을 다녀야 한다고 생각한다. 부부가 함께했던 젊은 시절도 같이 회상해 보고 잘못한 것에 대한 반성도 하며 앞으로 살아갈 날들에 대하여 진지하게 대화를 나누면서 서로가 가장 소중한 사람이라는 것을 느끼게 된다면 그보다 더 좋은 일이 어디 있겠는가? 이유와 조건을 따지면 할 수 있는 일이 아무것도 없다. 앞으로의 인생은 부부가 함께 스스로 만들고 개척하지 않으면 누구도 보상해 주지 않는다. 부부가 같이 가는 여행은 돈과 시간의 낭비가 아니라 지금의 행복이며 미래에 대한 투자이다. 나이가 들어 갈수록 함께 여행을 다니는 부부가 많아진다면 대한민국은 더욱 건강해지고 밝아질 것이다. 세계 일주가 아니면 어떤가? 집에서 가까운 곳부터라도 둘만의 여행을 자주 하는 것이 행복하고 즐거운 부부가 되는 밑거름이 아닌가 싶다.

세계여행을 마치며

얼마 전 세상을 떠난 스티브잡스가 자신의 과거를 돌이켜 보며 이런 메시지를 남겼다.

"어떤 것이 세상에서 가장 비싼 침대일까? 그건 '병원 침대'이다. 이제야 깨닫는 것은 평생 배 굶지 않을 정도면 더 이상 돈 버는 일과 상관없는 다른 일에 관심을 가져야 한다. 물질은 잃어버리더라도 되찾을 수 있지만 지나 버리면 다시 찾을 수 없는 것이 바로 '삶'이다. 가고 싶은 곳이 있으면 가라. 오르고 싶은 높은 곳이 있으면 올라가 보라. 모든 것은 우리가 마음먹기에 달렸고, 바로 우리의 결단 속에 있다."

어느 정도 먹고 사는 문제만 해결된다면 더 이상 벌려고 애를 쓰지 마라. 그러다 돈도, 건강도, 사람도, 가족들의 마음까지 잃을 수도 있다. 은퇴했다고 움츠리지 말고 나이가 들수록 함께 여행을 떠나라. 부부의 소중함을 마음으로 느낄 수 있을 테니 말이다. 지난 다음 아쉬워하지 말고 그나마 가슴이 뜨겁고 다리에 힘이 있을 때 함께 떠나라.

은퇴를 하면 이루고 싶은 두 가지 꿈이 있었다. 하나는 세계 일주이고 다음은 건강하고 즐거운 전원생활이다. 그 첫 번째 꿈을 이루었다. 이어서 다음 목표이자 꿈인 전원생활에 대한 준비를 서서히 시작하려고 한다. 그리고 그곳에서 "즐거움, 건강, 보람"을 가꾸며 살고 싶다.

끝으로 세계 일주를 하는 동안 열렬히 성원해 준 큰딸 오로지와 사위 이대현, 그리고 우리의 귀요미 오아름에게 진심으로 고맙다는 말을 하고 싶다. 그리고 KB국민은행 ROTC 20기 동기들, 마포고등학교 24회 동창들, 육육회와 지심회 회원들, 전 센트럴시티와 본오동 지점 직원들, 미국에 사는 강태성 부부, 네덜란드 허명 부부, 존경하는 김영일 님을 비롯해 관심과 후원을 아끼지 않았던 모든 분들께 진심으로 감사를 드린다.